beden dili

Aşkımın Beden Dili / *Aşkım Kapışmak*

Yayıncı ve Matbaa Sertifika No: 10614

Editör Ahmet Bozkurt
Yayıma hazırlayan Elçin Kazancı
Kapak tasarım Derya Balcı
Kapak fotoğrafı Musa Kaya - Metin Kuşçu
Sayfa tasarım Yasemin Çatal

ISBN: 978-975-10-3472-4

15 16 17 9 8 7 6
İstanbul, 2015

Baskı ve Cilt
İnkılâp Kitabevi Yayın Sanayi ve Ticaret AŞ
Çobançeşme Mah. Sanayi Cad. Altay Sk. No. 8
34196 Yenibosna – İstanbul
Tel : (0212) 496 11 11 (Pbx)

İNKILÂP Kitabevi Yayın Sanayi ve Ticaret AŞ
Çobançeşme Mah. Sanayi Cad. Altay Sk. No. 8
34196 Yenibosna – İstanbul
Tel : (0212) 496 11 11 (Pbx)
Faks : (0212) 496 11 12
posta@inkilap.com
www.inkilap.com

Aşkım Kapışmak

aşkımın beden dili

İNKILÂP

Aşkım Kapışmak

Aşkım Kapışmak, 1979 yılında İstanbul'da doğdu. On iki yaşındayken Arif Sağ Müzik Evi'nde konservatuvar eğitimi aldı. Liseden sonra Marmara Üniversitesi Teknik Bilimler Meslek Yüksekokulu'na girdi. Marmara Üniversitesi'ndeki eğitiminden sonra Amerikan Üniversitesi Newport'ta Davranış Bilimleri-Psikoloji lisansını tamamladı. Türkmax'ta 2011-2012 sezonunda 'Buyrun Paylaşalım' adlı programı hafta içi her gün canlı olarak hazırladı ve sundu.

2012 yaz sezonunda Star TV'de 'Ayşe ile Alişan' programında her cuma 'İletişim ve İlişkiler' bölümünü hazırladı.

Show TV'de 'Simge Fıstıkoğlu ile Yeni 1 Gün' programında iletişim bölümünü hazırlayıp sundu.

2015 yılında kurduğu Aşkım Kapışmak Akademi'de, 10 farklı alanda uzman kadrosuyla şirketlere ve bakanlıklara kurumsal eğitimler vermekte, ayrıca Türkiye genelinde çeşitli kurum ve kuruluşlara iletişim seminerleri düzenlemeyi sürdürmektedir.

www.askimkapismakakademi.com

İnkılâp Kitabevi'nden çıkan diğer kitapları:
Kadınlar Sağdan Erkekler Soldan
Küçük Mutluluklar Kitabı
Terzi
Carpe Diem
Dolce Vita
Beni Benimle Aldatır mısın?
Hangi Anne Hangi Babasınız?
Kalbin Anahtarı 1: Kelimelerle İyileş
Kalbin Anahtarı 2: Ruhuna Dokun

İçindekiler

Teşekkür

Şimdi elinde, kıymet verip okuyan sen,
sana teşekkür ediyorum.

Çok şükür…

Giriş

Aslında bedenimizin her parçası konuşuyor desem, ağzımızla en iyi yaptığımız şey, gerçekleri saklamak desem...

İletişim denilen şeyin sadece konuşmak olmadığını artık birçoğumuz biliyoruz. Kelimelerimiz düşüncelerimizin bir kısmını oluşturuyor, içimizden geçenleri bir filtreden geçirip kelimelere döküyoruz; yani karşımızdakiler elenmiş düşüncelerimizi duyuyorlar, elekten geçirilmeyen düşünceler kaybolmuyor, hepsi teker teker beden yoluyla konuşuyor, kimi kelimeleri ayaklarımız, kimisini gözlerimiz, bazılarını ellerimiz hatta birazını omuzlarımız ve diğer bölümlerimiz söylüyor. Artık iletişim çağındayız ve bu çağda herkes ağızdan çıkana değil bedenin anlattıklarına odaklanıyor. Çünkü yalan sadece kelimelerle seslendiriliyor. Doğrular ise beden dili ile anlatılıyor. İnsanlığın ilk çağlarında yani mağara dönemlerinde fiziksel güç daha önemliydi. Yani, ne kadar güçlüysen o kadar iyi avlanıyordun, avlanan insan, yani en iyi avlanan insan iletişimi elinde tutuyordu. Onun istekleri oluyordu. Mağara dönemlerinden sonra insanlar biraz daha topraktan beslenmeye, ekmeye ve biçmeye başladılar. Bu süreç toprağı fazla olanı daha zengin kıldı. Ve toprağı fazla olan, toprağı fazla işleyen insanlar bu yerleşik düzende iletişimi elinde tutmaya başladı. Artık onların söyledikleri, onların istedikleri, onların beden dilleri gerçekti ve önemseniyordu. Aradan yıllar yıllar geçti ve bir süre sonra toprak savaşları için yönetim ihtiyacı doğdu ve krallıklar oluşmaya başladı. Burada iletişimi elinde bulunduran kişiler ise ordusu fazla olan, askeri fazla olan, cephanesi fazla olan insanlardı. Güç artık ordu ve cephaneyle kendini gösteriyordu, bir süre sonra sanayi dönemi geldi. Parası olan, iş açan, fabrikası olan insanlar iletişimi ellerinde bulundurmaya başladı. Kimse bir başkasının nasıl konuştuğunun nasıl davrandığını önemsemiyordu. Sözü geçen insanlar sadece güçlü olan, parası olan insanlardı. Ama öyle bir yüzyıla geldik ki, bu yüzyılda fiziksel anlamda ne kadar gücünüzün olduğu, ne kadar paranızın olduğu çok önemli değil artık. Ya da ne kadar toprağınız olduğu, ne kadar ekip biçtiğiniz bir yere kadar artık iletişim çağındayız. Birçok düşünürün, birçok uzmanın ve birçok din adamının da anlattığı gibi son yüzyıllara doğru yaklaşıyoruz. Bu yüzyılda, iletişim çağında iletişim gücünü elinde bulunduran kişi, kendini en iyi ifade eden kişidir. Artık kendinizi nasıl ifade ediyorsunuz, beden dilinizi nasıl kullanıyorsunuz, herkes buna bakıyor, çünkü insanlık iletişim sınavından geçiyor. Samimi insanlar ve samimi toplumlar ayakta durmaya ve güçlü olmaya başladı. En iyi politikacıları, en beğendiğiniz sanatçıları, yanında en çok huzur bulduğunuz ve sözüne güvendiğiniz arkadaşlarınızı ve dostlarınızı düşünün, çalışma arkadaşlarınızı aklınıza getirin. En son olarak etkileyici bulduklarınıza bakın. Çevrenizde, siyasette öyle insanlar var ki konuşmaları sizi çok etkiliyor, kimse onun altyapısına ve daha önce ne yaptığına bakmıyor. Bu artık iletişimi en iyi kullanan kişiler, beden dilini en iyi kullanan insanlar arasından çıkıyor. Hepimiz bir siyasi haber bombardımanındayız, sürekli siyasetçilerin konuşmaları ve halka verdikleri mesajlarla iç içeyiz. Dikkat ederseniz, en ideal insan bedenini en iyi kullananlar arasından çıkıyor. Aslında biz gücü ve etkiyi karşımızdaki insanın konuşmasından değil; onu nasıl anlattığından, nasıl ifade ettiğinden ve bedenini nasıl kullandığından anlıyoruz. İletişim çağı yani artık beden dili çağı. Başkalarıyla iletişim kurarken, yani düşüncelerimizi, duygularımızı iletirken üç temel unsur kullanıyoruz aslında. Bunlardan biri kelimeler. İletişimimizin %10'luk dilimi kelimelerle karşı tarafa geçiyor. İkincisi ise ses tonu. Bir duyguyu, bir düşünceyi, bir kelimeyi karşı tarafa –karşımızda tek bir insan da olabilir, bir kitle de– hangi ses tonu ile iletiyorsunuz? Karşımızdaki insan samimiyetinizi, üzüntünüzü, dürüstlüğünüzü, nefretinizi, öfkenizi kullandığınız kelimelerden değil, daha çok o kelimeleri hangi ses tonu ile söylediğinize bakıyor, bu da iletişimin %30'u.

%10 kelimelerdi, %30 ses tonu. Geriye sadece %60'lık bölüm kaldı, bu da beden dili. Bu bölümde mimiklerimiz, beden duruşu, bakışlarımız karşımızdaki insanlar ile aramıza koyduğumuz mesafeler ve birçok şey var. Bizim dışımızdaki insanlar bizim hissettiğimiz, bizim düşündüğümüz her şeyi bu üç kanaldan alıyorlar. Ve unutmayın ki karşımızdaki insanın da bir algılama mekanizması var, o da daha çok, %60'lık bölümle alabiliyor. Yani beden dilinden algılıyor bizleri.

Şimdi sizinle küçük bir oyun oynayalım.

Bu kitabı nerde okuduğunuzu şu an bilmiyorum. Ama sadece birazcık tahmin yürütmem gerekirse ya evdesiniz, ya işyerindesiniz, ya otobüstesiniz, ya da dışarıda parkta, bir bankta okuyorsunuz. Ya bir arkadaşınızın evindesiniz, ya da sevdiğinizin yanında bilemiyorum ama bu kitabı nerde okuduğunuzun çok önemi yok. Küçük bir oyun oynayacağız sizinle. Bulunduğunuz yerde tanıdığınız biri varsa (aslında özgüveni fazla olan insanlar bu oyunu tanımadıkları biriyle de oynayabilirler ama ben yine de kötü bir deneyim yaşamanızı istemem) bu okuduğunuz bölüme bir ayraç koyun, ayağa kalkın, omuzunuzu aşağı doğru indirin. Elleriniz kapalı bir şekilde bacaklarınıza dokunun. Başınızı azıcık aşağı doğru eğin. Dudak kenarlarınızı bükün. Onları da aşağı indirin. Gözlerinizi hafifçe kısın. Bu hareketle yanınızdaki kişinin önüne/yanına gidin. Karşısına geçip bu beden diliyle bir dakika durun. Siz bu beden diliyle durduğunuzda karşınızdakinin size bir şey söylemesine gerek yok. Karşı tarafa verdiğiniz mesaj, "canınızın bir şeye çok sıkıldığı" ya da "bir şeyin sizi çok üzdüğü ve mutsuz olduğunuz". Ondan alacağınız tepki şu olacak: "Hayırdır ne oldu?", "Yine ne var?" ya da "Yine ne istiyorsun?" Bakın, aslında bedenimizle anlatıyoruz her şeyi. Bunu başka nasıl yapabilirdik? Beden dilini kullanmadan karşısına çıkıp, hiç mimik kullanmadan, "Canım çok sıkkın, mutsuzum ve beni dinle," derdik, öyle değil mi? Ama en etkili iletişim beden diliyle mümkündür. Bedeninizle gerçekten karşı tarafa istediklerinizi anlatabiliyor musunuz?

Beden dilimizde en önemli ilkelerden biri, beden ve zihin arasında kurduğunuz bağdır. Sağlıklı insanların bedenleri ve zihinleri arasında çok güçlü bir bağ vardır, yani neyi çok düşünüp aklımızda neyi çok tutarsak bir süre sonra, hatta bazı durumlarda hemen, o düşünceler bedeninizde yansıma bulur.

Ya da bedenimizle yaptığımız tekrar edilen davranışlar bir süre sonra zihnimizde inandığımız düşünceler oluşturmaya başlar. Yani düşündüklerimiz bedenimize, bedenle yaptıklarımız da düşüncelerimize dönüşmeye başlar. Bu iletişim sağlıklı insanlarda olan bir şey. Bazı zihinsel engelli dostlarda, kardeşlerde sizin de gözlemleyebileceğiniz gibi beden ve zihin arasında çok fazla bağ olmuyor.

Aslında bize şu mesajı da veriyor: Biz duygu ve düşüncelerimizi ne kadar saklarsak saklayalım, karşımızdakiler onları kesinlikle alıyorlar, hissediyorlar, duyuyorlar, görüyorlar. Ama tabii ki sosyal yaşamda birbirimizi kırmamak adına gerçekleri saklıyoruz, bazen hissettiklerimizi çok fazla karşımızdaki insana yansıtmıyoruz. Yaptığımız hatalardan biri de, gerçekte hissettiğimiz şeyleri muhatabına değil başka birine anlatarak rahatlamamız. Bu tabii istenmeyen sonuçlar doğuruyor hayatımızda. Burada anlatmaya çalıştığım süreç, karşımızdaki insanın bütünlüğümüzü görebilmesi, yani zihnimizde hissettiklerimizle bedenimiz arasındaki ilişkinin sağlıklı olması gerektiği.

Beden ile zihin arasındaki farklılıklar artarsa samimiyetsiz, sözüne inanılmaz, güvenilmez insanlar ortaya çıkmaya başlıyor ki, iletişim çağında, yani son yüzyılda en çok rahatsız eden şey samimiyetsiz insanlar.

Aşkın Büyüklüğü

Bir zamanlar, bütün duyguların üzerinde yaşadığı bir ada varmış: Mutluluk, Üzüntü, Bilgi ve diğerleri, Aşk dahil. Bir gün, adada yaşayan tüm duygulara adanın batmakta olduğu haber verilmiş. Bunun üzerine hepsi adayı terk etmek için sandallarını hazırlamışlar.

Aşk, adada en sona kalan duygu olmuş, çünkü mümkün olan en son ana kadar beklemek istemiş. Ada neredeyse battığı zaman, Aşk yardım istemeye karar vermiş. Zenginlik, çok büyük bir teknenin içinde oradan geçmekteymiş. Aşk, "Zenginlik, beni de yanına alır mısın?" diye sormuş.

Zenginlik, "Hayır, alamam. Teknemde çok fazla altın ve gümüş var, senin için yer yok," demiş. Aşk, çok güzel bir yelkenlinin içindeki Kibir'den yardım istemiş. "Kibir, lütfen bana yardım et!" Kibir, "Sana yardım edemem, Aşk. Sırılsıklamsın ve yelkenlimi mahvedebilirsin," diye cevap vermiş. Üzüntü yakınlardaymış ve Aşk yardım istemiş: "Üzüntü, seninle geleyim." Üzüntü, "Of, Aşk, o kadar üzgünüm ki, yalnız kalmaya ihtiyacım var."

Mutluluk da Aşk'ın yanından geçmiş, ama o kadar mutluymuş ki Aşk'ın çağrısını duymamış. Aşk, birden bir ses duymuş. "Gel Aşk! Seni yanıma alacağım..." Bu Aşk'tan daha yaşlıca birisiymiş. Aşk o kadar şanslı ve mutlu hissetmiş ki, onu yanına alanın kim olduğunu öğrenmeyi akıl edememiş.

Yeni bir kara parçasına vardıklarında, Aşk inmiş Aşk'a yardım eden ise yoluna devam etmiş. Ona ne kadar borçlu olduğunu fark eden Aşk, Bilgi'ye sormuş: "Bana yardım eden kimdi?" Bilgi, "O, Zaman'dı," diye cevap vermiş. "Zaman mı? Neden bana yardım etti ki?" diye sormuş Aşk.

Bilgi gülümsemiş: "Çünkü sadece Zaman Aşk'ın ne kadar büyük olduğunu anlayabilir."

Beden Dili Mesafeleri

Kelimelerimizin mesafesi olduğu gibi bedenimizin de iletişim esnasında mesafeleri vardır. Her yerde her insana karşı istediğimiz gibi davranamayız. Aynı şekilde başkalarının da bize istedikleri gibi davranmasını istemeyiz. İletişimin en önemli parçası olan beden dilimizi genelde hesaba katmayız, çünkü her şeyi kelimelerle hallettiğimizi zannederiz. İnsanoğlu bir gün ağzını yalan söylemek için kullandığını anlayacak. Gerçekleri ise her zaman beden dili söyler ve bunu da fark edeceğiz. Şimdiki yüzyılda gençler, yetişkinler, her sektörden, her kültürden insanlar iletişim becerilerini geliştirmek için bu tip eğitimlere katılıyorlar. Benim de danışmanlık yaptığım kurumlar ve merkezimizdeki eğitimlere katılanlar en çok etkili iletişim kurmada ustalaşmak istiyorlar. Çünkü çağ iletişim çağı. Kitleleri peşinizden sürüklemeniz için bedeninizin, iletişim tarzınızın farkında olmalısınız.

Dikkat ederseniz nedenini bilmeden bazılarından çok etkilenir ve hoşlanırsınız, aslında tamamen o kişinin beden hâkimiyetidir ve farkındalığıdır bu.

Kişisel Alan (46 cm-120 cm): Arkadaş ve dostlarımızın kullandığı alandır. Birbirlerini tanıyan ve rahat konuşabilen iki kişi için uygun bir mesafedir. Bu mesafede insanlar kendilerini daha rahat hissettikleri için daha iyi iletişim kurarlar. Kokteyllerde, sosyal etkinliklerde, arkadaş toplantılarında başkalarıyla aramızdaki mesafedir.

Kişisel alanın ihlali de huzursuzluk ve stres yaratır. Şöyle ki Amerika Birleşik Devletleri'nde Chespeake Körfezi'nde Maryland kıyılarından iki kilometre uzakta yer alan James Adası'ndaki geyik nüfusu üzerinde bir araştırma yapılmıştır. Bu araştırmaya göre James Adası'nda yaşayan geyikler, adada bol miktarda yiyecek olmasına, hiç avcı bulunmamasına ve enfeksiyon olmamasına rağmen topluca ölmektedir. Sonuçta araştırmalar geyiklerin, nüfus arttıkça her bir geyiğin kişisel bölgesinin yok olmasından kaynaklanan stresin yol açtığı adrenalin bezlerinin aşırı çalışmasından öldüğünü ortaya çıkardı. Adrenalin bezleri büyüme ve üremenin düzenlenmesi ve vücut savunma seviyelerinin belirlenmesinde önemli bir rol oynarlar. Böylece ölümlere yol açanın açlık, enfeksiyon veya saldırı değil aşırı nüfusun yol açtığı, strese karşı fizyolojik bir tepki olduğu anlaşılmıştır. Bunun ışığında en yüksek insan nüfusu yoğunluğuna sahip bölgelerin neden en yüksek suç ve şiddet oranına da sahip olduğunu görmek mümkündür.

Kişisel alan aynı zamanda mahrem alanınızdır. Sevdiklerinizi kişisel alanlarınızda tutmanız gerekir. Bazen canınız çok sıkıldığında, üzgün olduğunuzda sadece sevdiğinize sarılmak istersiniz ve hiç konuşmamak. Ne iyi gelir değil mi? Çünkü bu alanın iyileştirici özelliği vardır. Düşünsenize çocuklarınız hep bu alanınızda olmak isterler. Size yakın olmak, aslında kendisine yakın olmasıdır. Bazı insanlar aşk yaşarken bile mahrem alanlarını kullanmaktan çekinirler. Bu bağlamda beden dilinizi iyi tanımanız gerekir. Erkekler hemen mahrem alanınızda girmek isteyebilir. Ama bir kadın bir erkekle ilk tanıştığında onu hemen kişisel alanına almamalıdır, çünkü erkek hemen alanınıza girerse sizden çabuk soğur. Yavaş yavaş bedel ödeyerek ve hak ederek kişisel alanınıza girebilmeli. Bu erkeği de size karşı daha bağlı kılar.

Sosyal Alan (120 cm-350 cm): Yabancılar, örneğin evimizde tamirat yapan tesisatçı veya doğramacı, postacı, bakkal, işyerindeki yeni eleman ve çok iyi tanımadığımız kimselerle aramızdaki mesafe budur. Ayrıca resmi görüşmelerimizin de yapıldığı alandır. İş görüşmeleri için uygun bir mesafedir. Aşk bu mesafeyi sevmez çünkü bu mesafe aşktan uzaklaştırır insanı. Bazen sevdiğiniz kişi, herhangi bir yerde ona koyduğunuz bu sosyal mesafeden yanlış anlamlar çıkarabilir. Ona bu durumu anlatabilmeniz gerekir. Ayrıca âşık olduğunuz kişi kendisinin dışındakileri bu mesafede tutmanızı ister. Yani arkadaşlarınızı, dostlarınızı sizin sosyal mesafenizde gördüğünde rahatlar. Çünkü sadece kendisinin mahrem alanınızda olması gerektiğini düşünür. Hepimizin başına gelmiştir bazen sevdiğiniz kişi sizi uyarır: “Ne gerek var o kadar samimi oluyorsun başkaları ile,” diye. Aslında sizi seyreder ve bu anlamı çıkarır. Genelde sevdiklerimize kızdığımızda onları farkında olmadan iteriz, yavaş yavaş sosyal alanımıza alırız işte bu bir yıkım olur onlar için. Çünkü siz ittikçe onlar daha çok yaklaşmak isterler size.

Toplumsal (Ortak) Alan (350 cm ve üstü): Topluma açık, tanımadığımız kişilerle birlikte kullandığımız alandır. Örneğin, kalabalık bir gruba hitap ettiğimizde durmayı tercih ettiğimiz rahat mesafe budur.

Ama tüm tanışmalar bu ortak alanda başlar. İlk tanışmada mekân ya da ortam neresi olursa olsun uzaktan bakışmalarla başlar ilişki. Her insan tanımadığı insanları bu mesafede tutar. Ne zaman ki bir insandan hoşlanmaya başlarız o zaman onu sosyal alana, daha da sonra kişisel alanımıza taşırız.

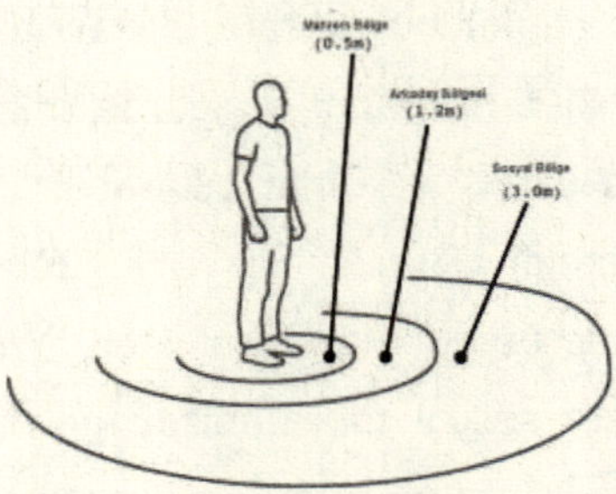

Erzurumlu İbrahim Hakkı'nın *Marifetnamesi*'ne Göre Beden Dili

18. yüzyılda yaşamış ünlü bilim adamı ve mutasavvıf Erzurumlu İbrahim Hakkı'nın *Marifetname*'sini hepimiz biliriz.

Marifetname'ye göre, Allah insan âlemini en güzel halde yaratmıştır. Ayrıca insanoğlunu şekil ve karakter olarak da farklı yaratmıştır. Sonra lütuf ve inayeti ile, şekli karakterin ve azayı da ahlakın belirtisi kılmıştır. Böylece, insan önce kendi görünümünden kendi karakterini tanımlayarak ihtimam ile ahlakını güzelleştirir. Daha sonra yakınları ve dostlarının dış görünümlerine bakarak, onların iç hallerine ve ahlaklarına vâkıf olabilir: Onlara ya ahlaklarına göre rağbet ve muhabbetle muamele eder veya aklınca güzel idare ile geçinip gider.

Gelelim İbrahim Hakkı'nın insanlık için hazırladığı analizlere.

Erzurumlu İbrahim Hakkı, yüz yapısı (kısmen vücut yapısı) ve insan karakteri hakkında şunları söyler:

✓ Boyu uzun olanların kalbi saf ve temiz olur.

✓ Kısa boylu olanların hileleri, aldatmaları çoktur.
✓ Orta boylu olanlar akıllı ve hoş huylu olurlar.
✓ Saçları sert olan kimse, akılla atılganlığı bulur.
✓ Saçları yumuşak olan saf ve utanması az olur.
✓ Saçı sarı olanın işi, kibirlenme ve kızgınlıktır.
✓ Siyah saçlı olan sabırlıdır, onu ara.
✓ Kumral saç güzeldir, sahibi bedelsizdir.
✓ Saçı az olan lütufkâr, anlayışlı ve nazik olur.
✓ Başı küçük olanın aklı azdır, gizli şeyin varsa ona söyleme.
✓ Başının tepesi yassı olan keder çekmez.
✓ Başının derisi ince olan, hayır yapar, zarar vermez.
✓ Kel adama yaklaşma, kötü huylu olur, ondan sakın.
✓ Alnı dar olanın, içi de dar, sıkıntılı olur.
✓ Alnı yumru olan, çirkin ve kalın kafalı olur.
✓ Alnı enli olan kötü huylu olur, çünkü hastadır.
✓ Alnı normal olanı emin bil.
✓ Alnı buruşuksuz olan, şüphesiz tembel olur.
✓ Alnı uzun olan anlayışlı, az ise cömert olur.
✓ Kaşlarının arası buruşuk olan, üzüntü yükünü taşır.
✓ Kulağı çok büyük olan, bilgisiz ve tembel olur.
✓ Küçük kulaklı eğri, orta (normal) kulaklı doğru olur.
✓ Kaşının ucu ince olanın, işi gücü fitnedir.
✓ Kaşının kılları çok olanın, üzüntüleri de çok olur.
✓ Kaşı açık olan doğrudur, çatma olan eğridir.
✓ İnce kaşlı güzel olur, uzunu ise kibirli olmanın delilidir.
✓ Kaşı yay gibi olan, her zaman güzel olur.
✓ Göz çukuru az olursa, o kibirli olmaya delildir.
✓ Siyah gözlüler itaatli, kızıl gözlüler cesur olurlar.

✓ Gök gözlü olan zeki, ela gözlü olan edepli, terbiyeli olur.
✓ Küçük gözlü hafif, büyük gözlü zarif, narin olur.
✓ Gözü yumru olan kıskanç, orta olan dost olur.
✓ Yarı kapalı göz ayıp, bakışı miskince olur.
✓ Köre yakın olma, sık bakan, emniyetli olmaz.
✓ Gözü şaşı adama bakma, çünkü o sana eğri bakar.
✓ Güleç gözlü olan güzeldir, kirpiği sık olan bedelsizdir.
✓ Büyük yüzlü olan illetlidir, küçük yüz kibirlenmeye delildir.
✓ İnce yüzlü sevimli, kalın yüzlü hor (sevimsiz) olur.
✓ Uzun yüzlü olanlar yalancı olurlar.
✓ Ekşi yüzlü, somurtkan olanların, sözlerinin çoğu acı olur.
✓ Yuvarlak yüzlüler, Ay'dan daha nurlu olur.
✓ Böyleleri çok güleç olur, onu gören muradını alır.
✓ Benzi kızıl olan terbiyeli, esmer olan da zeki olur.
✓ Benzi sarı olan illetli, siyaha çalan da tevekkelli olur.
✓ Burnu uzun olanın idraki (anlayışı) az olur.
✓ Kısa burunlu olanlar fazla korkak olur.
✓ Burun ucu top olan, neşeli olur.
✓ Burun ucu ağzına yakın olan adamdan sakın.
✓ Burun delikleri geniş olanın içi kibir ve kıskançlıkla doludur.
✓ Burun kanatları dar olan kişide küsme ve inat çok olur.
✓ Burnu enli olan kimse şehvete tutkundur.
✓ Burnu eğri olan kimsenin düşüncesi, işi başarıya ulaştırmaktır.
✓ Küçük ağızlı olan güzel ve fakat çok korkak olur.
✓ Büyük ağızlı cesur, eğri ağızlı kötü olur.
✓ Genizden söylenen sözler, kibirlenmeden olsa gerek.
✓ İnce sesli erkeklerin işi, kadına şehvet duymaktır.
✓ Erkek sesli kadınların çoğu yalan söyler.

- ✓ Çabuk konuşan, ince anlayışlıdır.
- ✓ Kaba sesli olanın gayreti ve yardımseverliği fazladır.
- ✓ Çatal sesli olan, halktan kötülük geleceğini sanır.
- ✓ Yüzü güleç, sözü tatlı olan insan azizdir, sevilir.
- ✓ İnce ve kırmızı dudaklı kimse, söyleneni iyi anlar.
- ✓ Bil ki kalın dudaklının kızgınlığı ağırdır.
- ✓ İri dişliler, çok defa yaman işler yapar.
- ✓ Normal dişi olanların, işi hoş ve doğrudur.
- ✓ Kokusu hoş olanın, huyu da güzeldir, hoştur.
- ✓ Çene kemiği ince olanın, aklı da hafif olur.
- ✓ Enli çenenin sahibi kaba olur.
- ✓ Çenesi normal olan, akıllı ve güzel olur.
- ✓ Uzun sakallı kişi hünersiz olur.
- ✓ Sık sakallı kişi kabadır, sohbetini de uzatır.
- ✓ Siyah ve az sakallı olmak zekâya delildir.
- ✓ Hiç kılı olmayan köse adamın hilesi çok olur.
- ✓ Sakalı değirmi olanın kemali de çoktur.
- ✓ Kafası enli olan ahmaklık illetine tutuktur.
- ✓ Boynu çok uzun olanın olgunluğu az olur.
- ✓ Boynu ince olan cahil olur.
- ✓ Boynu kalın olan gece gündüz yiyici (obur) olur.
- ✓ Boynu kısa olanın hilesi çok olur.
- ✓ Boynu normal olanın işi iyilik yapmaktır.
- ✓ Her uzvu normal olan, şüphesiz ki güzel olur.

Benim Dilimden Aşk

Gözümüzü açtık ilk önce, bilmediğimiz sesler duyduk, tanımadığımız insanlar gördük. Ağladık, ağırlandık. Bir sürü renk gördük, bir sürü de eşya. Ne bunlar diye sorarken ev dediler, öğrendik. Kim bunlar diye düşünürken anne baba dediler, bağlandık.

İndirilmek istedik kucaklardan, ben varım dedik, yürü dediler. Yürüdük, koştuk.

Ne var ne yok her şeyi merak ettik, dokunduk, istediklerimizi aldık, alamadıklarımıza ağladık. Sus dediler.

Oyuncaklar tanıdık, hepsi bizim zannettik, kırdık, yeniledik. Her adımda bir şeyler öğrendik, her şeyin adı vardı, söylediler teker teker. Elma, masa, anne, mama, komşu, dede, kalem, top, telefon, peçete ve binlercesi.

Sonra içimizden bir şeyler gelmeye başladı, notasız şarkılar söyledik, tuhaf sesler çıkarmaya başladık, hiçbir anlamı, tekniği olmayan hareketlerle dans etmeye başladık. Şımarıklık dediler.

Başkalarını tanıdık, arkadaş dediler. Beğendik, kıskandık, imrendik, gıcık olduk, çok sevdik. Ama onları hep istedik. Dövdüler bizi, dövdük onları ama yine de onları istedik.

Güldük, şakalaştık, küfürler öğrendik, gizli köşelerde birbirimize küfürler ettik, annemiz yakaladı, utan dediler, utandık. Yanaklarımız kızardı.

Şok olduk, bizden farklı olanları görünce. Biz pantolon, onlar elbise giyiyorlardı. Ya da onların odaları mavi, bizim ki pembeydi. Onların saçları kısa, bizim ki uzundu. Biz annemizin rujunu sürdük, onlar babalarının çekiçleriyle oynadılar. Garipti her şey, merak ettik bizde olan, onlarda da var mı diye.

Pipisi olan sordu sende de var mı diye, diğeri bilmem dedi. Tam bakacakken, annesi geldi, "Sen kızsın, o da erkek dedi," öğrendik cinsiyetlerimizi.

Ama hep merak ettik birbirimizi.

Her şeyin bir adı, anlamı varmış, zamanla öğrendik.

Büyüdük, ruhu gizledik bedenimizi açık tuttuk hep. Çünkü düşünceleri susturunca gizleneceğimizi zannettik.

Ne kadar çikolata, ne kadar elbise, ne kadar elma, ne kadar çiçek, ne kadar ruj varsa kırmızıymış. Birçok yerde ayrıntıdaymış ama hep dikkat kesildik.

Farklı renkleri sevdik, farklı hareketlerle savaştık hayatla, farklı şeylere ağlayıp farklı yerlerde zaman geçirmeye başladık. Ortak noktalarımız oldu buluştuğumuz, çok fazla kalamadık bir arada. Her oyunda, sohbette muhakkak uzaklaştık en derinde. Garipsedik.

Biz garipsedikçe daha da ilginç olmaya başladı. İlginçlikler arttıkça, gizliden çekmeye başladık birbirimizi. Yaşınız küçük dediler. Yaşımızdan büyüklere yöneldik, odamızın duvarları büyüklerle resimledik, nasıl olsa ulaşamayız dedik ama uzaktan sevdik.

Ne sorduysak birilerine er ya da geç cevaplarını aldık.

Ama bir gün geldi ve anlamlandıramadığımız şeyler olmaya başladı. Aklımıza takıldı biri, düşünmek istemedikçe büyümeye başlayan, yanına gittikçe uzaklaşan bir şeydi. Soramadık kimseye çünkü anlamlandıramadık, yoktu ki etrafımızda bizim gibi olan, yalnızız zannettik. Biraz ayıp geldi, biraz korkunç, biraz mutlu geldi, biraz dertli, biraz güzel geldi biraz çirkin, biraz acı geldi biraz tatlı. Bugüne kadar ne öğrendiysek hepsinin toplamı ya da hiçbiri gibi değildi.

Daha canlı görüyordu gözlerimiz, daha iyi duyan kulaklarımız oldu. Her şey parlak her şey anlamlıydı.Tek anlamı olmayan içimizdekiydi.

Anlatamadığımız için akıtmak için yol aradık. Şarkılar bulduk görünmeyen duygularımızı anlatan, şiirler okuduk, yazdık kendimizi gördüğümüz okuduğumuz. Filmlere baktık, bize benzeyen bizim gibi davranan insanlar gördük. Dudakları yakınlaşan, bedenleri bütünleşen kadınla erkeği gördük.

Ne yapacağımızı bildiğimiz halde yapmaya zorlandık.

Her yerde, herkeste olduğunu anladık bir anda.

Sorduk, "Bu ne?" diye.

Dediler ki, "Adı AŞK."

"Nasıl bir şey?" dedik.

Dediler ki, "Bilmeyiz, yaşayan bilir."

"Sen yaşamadın mı?" dedik.

"Yaşadım da, bitince tarifi unutulan bir şey. Yaşarken bilirsin sadece."

"Kime soralım?" dedik.

"Etrafına bak, dinle yeter," dediler.

Yıllarca bakındık, dinledik AŞKI.

Ne mi öğrendik:

Hiçbir şey aslında. Çünkü elimize geçenler sadece aşkı yaşayanların resimleri, çiçekleri, şiirleri, kitapları ve filmleri. Her bulduğumuz somut, her bulduğumuz nesne idi. Kaleme alınmış, resme dökülmüş, notaya aktarılmış, hikâyelere yazılmış, anılarda saklanmıştı.

Biz içine gireceğimiz aşkı aradık ama bulduklarımızın hep dışında kaldık.

Çünkü içinde yaşamak için iki kişi olman gerekir dediler. Başkasının aşkının sadece seyircisi olursun ama hissetmezsin. Öğrenmen için kendi aşkını yaşaman gerekir dediler.

Bekledik, kimimiz uzun, kimimiz kısa bekledik.

Okuduk, çalıştık, uyuduk, kalktık.

Bir gün görünmeyen şeyler oldu, kimse görmediği için içimizde olanları yalnızdık hep.

Öyle şeyler yaşadık ki kendimizden uzaklaştık, onun içinde yaşam bulmaya çalıştık.

Tek kişilik mezarda iki kişi nefes almak istedik.

Adı koyu kırmızı, tadı vanilya renkli, çırılçıplak kesilmiş saçları olan, seks kokan mektuplarla dolu bir dünyaya geçiş yaptık.

AŞKI öğrendik, çünkü AŞKI yaşadık.

Acısıyla, tatlısıyla, nefsiyle, nefesiyle...

Aşkımın Beden Dili

Dolanır ne varsa vücudumda birbirine. Ne el ne de ayak ayık gezer, hepsi unutur görevini darmadağın olurlar. Beden-de yönetim problemleri başlar, alarm verir her hücre, sinyaller gönderirler birbirlerine, hepsi aynı şeyi söyler, kimi sesi, kimi hareketleri, kimi kokusu ile: Adı aşktır bu durumun.

Çoğumuz ezbere bildiğimiz beden dili hareketlerine bakarız, bir bakış, ses tonunda inişler çıkışlar gibi. Ama inanın ki aşk ve diğer tüm süreçleri karşınızdaki insanın beden dilinden okuya-bilirsiniz. Diğer bölümlerde anlattığım mesafeleri hatırlarsanız mahrem mesafesine girmiş iki âşığın beden diline baktığınızda her şeyi okuyabilirsiniz. *Aşkımın Beden Dili* kitabı iş, özel ha-yat, aşk ilişkileri ve sosyal yaşamdaki ilişkileriniz için hazırlanmış bir çalışmadır.

Ortada aşk olunca tüm mesafeler kalkıyor, varsa engeller, farkılılıklar bir anda yok oluyor. Ne din ne kültür ne de renk bir anlam ifade ediyor. Çünkü her şey AŞK başlığının altında yer alıyor. Dünyada yıllardır aşkın biyolojik ve psikolojik süreci bilim adamları tarafından araştırtılmakta ve genelde çıkan sonuçlar şöyle: Âşıkların beyinlerinde benzer fonksiyonlar meydana geliyor ve dolayısıyla dünyanın her köşesinde âşıklar aynı davranış biçimlerini sergiliyorlar. Sanki genetik kodlarımızda saklanmış aynı davranışlar âşık olunca ortaya çıkıp kendini gösteriyor gibi.

Aslında nasıl birine âşık olacağımız çok küçük yaşlarda yerleşiyor bilinçdışımıza. Yani nasıl birine âşık olacağımız ve nasıl birini seveceğimizi belirleyen birkaç neden var. Nasıl bir ortamda yetiştiğimiz, erkek ve kadın rol modellerimiz ve karşı cins olarak kimlerle büyüdüğümüz ve tanıştığımız önemli. Yaşadığımız her şeye bir anlam katıp yaş ilerledikçe bir arayışa giriyoruz. Bu arayış bilinçli bir şekilde ilerlemiyor bilinçdışımıza yerleşip yaşamın bilinmeyen anlarında bir anda ortaya çıkıyor. Yani aşk istemekle aşk olmuyor.

Âşık olduğunuz ilk anları hatırlayın, düşünce potansiyelinizin, zamanınızın nerdeyse tümü onu düşünerek geçiyor. Beden ve ruh başka şeylere ihtiyaç duymadığı için sürekli âşık olduğumuz kişiden besleniyoruz. Aşırı konsantrasyon haline geçiyoruz.

Vitamin ve enerji desteği almadığımız halde maksimum bir enerji ve hiperaktivite geliyor içimize. Dopamin, seratonin ve nöropinefrin salgılamaya başlıyoruz.

Kalbin daha hızlı çarpması, yüzün kızarması ve ellerin terlemesi gibi tepkiler verir. Bu durumdan, vücutta salgılanan dopamin, noradrenalin ve feniletilamin sorumludur. Mutluluk, yoksunluk ve bağımlılığa dopamin neden olur. Noradrenalin adrenaline benzer. Adeta ayakları yerden keser ve kalp çarpıntısına neden olup heyecan yaratır. Aynı zamanda dikkat, kısa süreli hafıza, hiperaktivite, uykusuzluk ve hedefe yönelik davranıştan sorumludur. Yüksek dopamin seviyeleri noradrenalin ile ilişkilidir.

Dopamin ve Noradrenalin Karışımından Aşk İksiri

Rutgers Üniversitesi Antropoloji Uzmanı Helen Fisher, bu iki hormonun birlikte salgılanmasının sevinç, yoğun enerji, uykusuzluk, yoksunluk, iştah azalması ve artmış dikkate neden olduğunu belirtiyor. Âşık olunduğunda vücut bu hormonlardan oluşan "aşk iksirini" salgılamaya başlıyor. Helen Fisher ve ekibinin gerçekleştirdiği fonksiyonel beyin görüntüleme çalışmalarında, âşık olunan kişinin fotoğrafına bakıldığı anda yapılan çekimlerde, dopamin reseptöründen zengin beyin bölgelerinde kanlanma artışının olduğu saptanmıştır.

Aşk Kaç Yıl Sürer ?

O kadar çok konuşuyoruz ki bu konuda, ama anlatılanlar üç yılı geçmiyor. Kimine göre bir sene, kimine göre iki, kimine göre ise üç sene sürüyor. Hatta birçoğumuz için bu kadar kısa sürmesi üzücü olabiliyor. Gerçekten beynin neler yaşadığını bilseydik ona hak verirdik bu kısa süre için. Çünkü aşk esnasında beynimiz âşık olduğumuz kişi ile ilgili gerçeklerden uzaklaşıyor, yani mantık çerçevesini pek kullanamıyoruz. Zamanla aşk için gerekli olan dopamin, noradrenalin ve feniletamin azalıyor. Âşık olunan kişinin hataları, eksiklikleri birdenbire görülmeye başlıyor. Aslında âşık olunan insan değişmiyor, ancak âşık olan kişi mantık çerçevesinde değerlendirmeye başlıyor. İşte asıl süreç başlıyor, yani aşkın sevgiye dönüşme aşaması. Ya aşkınız bitiyor ya da sağlam bir ilişki haline dönüşüyor. Genelde istenen aşkın yerini sevgiye güvenle bırakabilmesi. Bunu herkes başaramıyor, bunun nedenleri arasında âşık olduğunuz kişinin gerçek yüzünün yani kişiliğinin nasıl olduğu var. Eğer ilişki devam ederse endorfinler devreye giriyor ve huzur, güven gibi duygular ilişkiye ekleniyor. Hormonal değişim başladığında aşk ateşinin söndüğünü hissederiz işte asıl olan o ateşi sevgiye geçerken bizim yakabilmemiz. Tamamen sönmemesini sağlamak bizim elimizde. Gerçekleri gördüğümüzde öfkelenmeden anlayışla hareket edebilmemiz ve bu değişimi âşık olduğumuz kişi ile konuşabilmemiz gerekiyor.

Aşkta Beden Diline Neler Oluyor ?

Bu durum hem erkek hem de kadınlar için geçerlidir. Ben anlatırken bile âşık olduğum zamanlara gittim, kim bilir sizler de neleri hatırlayacaksınız. Genelde duygusal bir yolculuk yapacaksınız ama bedeniniz de değişme uğrayacak. Şimdi siz keşke hep bu beden dilinde olabilsek diyeceksiniz ama olmuyor işte. Ama böyle zamanları iyi değerlendirmek, o anı yaşamak ve tadını çıkarmak en güzeli olsa gerek. Her duygunun bedene yansıdığını unutmayalım.

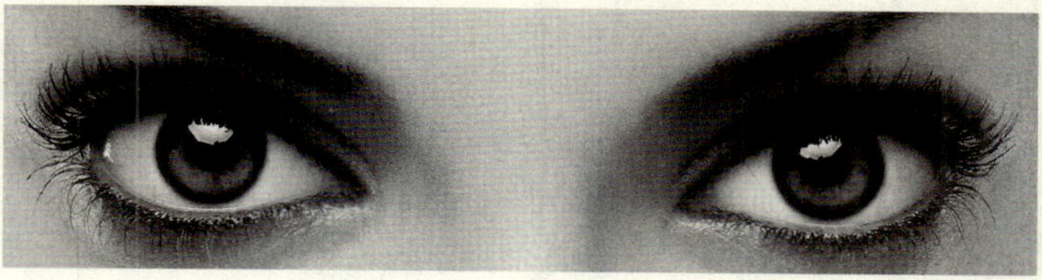

Gözbebekleri büyür

Gözbebeklerimiz sürekli büyük olmaz, bunun için genelde duygusal bir yoğunluk hissedilmesi gerekir. Müthiş bir araba, çok sevdiğimiz bir ev ya da hayranı olduğumuz bir ünlüyü bile gördüğümüzde gözbebeklerimiz büyür. Yani beynimize bir heyecan gerekir. Partnerinizin gözlerine bakın, eğer size bakarken gözbebekleri büyüyorsa sizden gerçekten hoşlanıyordur. Büyümüş gözbebekleri aynı zamanda karşı taraf için de çok çekici olarak algılanır.

Örneğin ortaçağ İtalyası'ndaki kadınlar, zehirli bir bitki olan ve sinir sisteminde tahribata yol açan bir bitkiyi, güzelavratotunu (*atropa belladonna*) sürerlermiş gözlerine. İtalyancada güzel kadın anlamına gelen *belladonna*, zehirli de olsa, gözbebeklerinin aşırı büyümesine neden olduğu için İtalyan kadınlar için pek cazipmiş o zamanlarda.

Unutmayın ki bu durum saklanabilen bir süreç değildir. İlk önce gözbebekleri kendisini ele verir.

Bedensel Eşleşme

Eğer karşımızdakinden çok etkilenmişsek ya da karşımızdaki çok değer verdiğimiz, sevdiğimiz biriyse farkında olmadan bedenimiz onunla eşleşir. Örneğin, küçük çocuğunuzu dinlerken ya da onu severken bedeninize hiç dikkat ettiniz mi? Onun boyuna inerek, onun mimiklerini yaparak hatta çocuksu bir ses tonu ve konuşma ile yaklaşırsınız.

Âşık olduğumuz kişinin de beden dili ile eşleşiriz. Genelde şirketlere verdiğim beden dili eğitimlerinde de anlattığım konudur. Müşteriyi ya da takım arkadaşlarınızı etkilemek için onun bedeniyle uyumlanın. Bir süre sonra o da peşinizden gelmeye başlayacaktır. Âşık olunca da, o ne yapıyorsa biz de onu yapmaya başlarız. Hatta varsa onun tiklerini, mimiklerini de farkında olmadan kendi dünyamıza alırız. Onun gibi güleriz, onun belirgin tepkilerini taklit ederiz, onun zevk aldığı şarkılardan zevk almaya başlar, onun gibi dans ederiz, hatta onun gerçeklerini kendi gerçeklerimiz gibi konuşmaya başlarız. Bunun nedeni tamamen bir olmak ve farklılaşmamaktır. Aynı oldukça bütünleştiğimizi hissederiz.

Gülümseme

Samimi gülmeler başlar, ama bunun bir nedeni olması gerekmez. Yani normal durumlarda gülmek için bir olay, bir fıkra gerekirken âşık olduğunuzda yüzünüze bir tebessüm yerleşir. Siz bunun farkında olmazsınız, sizi gerçekten sık görenler ve tanıyanlar bu durumu fark ederler. Gülümsemeler yüzümüze yerleşir ve bu durum daha da mutlu olmanızı sağlar. Çünkü güldükçe yüz kasları kanı tutar. Kan dolaşımı durduğu için beyin sapına kan gitmez. Sıkışan kan yüz kısmında durur. Beyin sapı kansız kaldığı için soğumaya başlar. Seratonin ise soğuma gerçekleştikçe artar. Eskiler der ya, "Ayağını sıcak, başını serin tut," diye. Baş soğudukça mutluluk artar.

Kendine Dokunma

İnsanlar gerginleşmeye başladığında rahatlatma amacıyla kendi vücutlarına dokunurlar. Bir kadının elini kendi boyununda gezdirmesi, erkeğin ensesi ve yüzüne dokunması gibi. Âşık olunca da aynı hareketler oluyor. Eğer karşınızdaki size âşık ise ya da çok hoşlanıyorsa onu gözlemleyin, çünkü siz ona baktıkça o, kendi vücuduna dokunacaktır. Genelde kendi koluna, bacağına, kulağına, dudaklarına dokunur.

Titreşim

Heyecan, aşkla birlikte gezer. Siz âşık olduğunuz kişinin yanında oldukça heyecan artar. Dilimizle bunu söyleyemediğimiz için beden konuşmaya başlar. Yüz gerçek duyguları yansıttığı için en hassas noktalar titreşir. Kirpikler özellikle titreşen yerlerimizdir.

Bedenin Büyümesi ve Toparlanma

İç dünyamızdaki bu karmaşanın farkındalığıyla kendimizi toparlamaya başlarız. Özellikle kadınlar, âşık olduğu kişinin yanında elbiselerini düzeltmeye başlarlar. Erkekler ise hayvanlar âlemindeki gibi vücutlarını büyütürler. Özellikle vücutlarının üst kısmı kabarmaya başlar ve daha dik yürürler. Bu kadının da hoşuna giden bir durumdur. Çünkü erkeğin güçlü olması ve kendinden emin olması istenen bir şeydir.

Kadın Âşık Olunca

• Gözlerinizin içine derin bir ilgiyle bakar ve bu arada gözbebekleri büyür. Kadınlar göz temasında iyidir. Gözleri daha canlı bakmaya başlar.

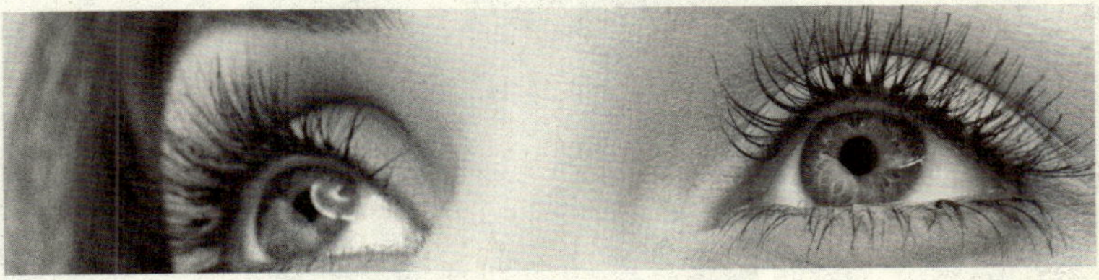

• Yanınızda veya çevrenizdeyken yüzü kızarır. Utanma abartılmadığı sürece güzel bir duygudur. Yanaklar hafif pembeleşir.

• Ses tonunu, sizin ses tonunuza uydurmak için yükseltir veya alçaltır. Eşleşme çabası yüzünden size uygun hale gelmek için bilinçsizce uğraşır.

• Size doğrudan değil ama başını eğerek yandan bir bakış fırlatır, böylece utangaç ve çekingen olduğu mesajını iletir. Tipik kadın beden dilidir. Dinlediğini de göstermek ister.

• Konuşurken eli sık sık çenesine gider, yanaklarına dokunur.

• Avuç içlerini size doğru açık tutar. Avuç içi psikolojisi diye bir süreç vardır. Siz konuşurken karşınızdakiler avuç içinizi gördüklerinde sizi daha samimi algılarlar. Eğer kapalı ise samimiyetsizlik geçer. Verdiğim eğitimlerde, özellikle sunum yapanlara da anlatırım, sahnede iseniz ya da toplantı yapıyorsanız konuşurken avuç içinizi gösterin, samimiyetiniz artsın.

• Güldüğünüz şeylere o da sizinle birlikte, aynı anda güler. Artık konuşmanızın içeriğinden ziyade duygularınız daha önemlidir. Siz ne hissediyorsanız o da aynı duygulara girmeye başlar. Bu durum kendinizi daha değerli hissetmenize yardımcı olur.

• Üzerinde takı varsa sizle konuşurken sürekli takıları ile oynar. Çünkü takı da çok değer verdiği bir şeydir. Size değer verdikçe takıya dokunmalar artacaktır.

• İlk gördüğü anda sizden etkilenmişse, kaşlarını kısa bir süre için kaldırıp indirmiş, bunu da gizli bir gülümseme takip etmiştir.

• Kalabalık bir ortamda sadece sizinle konuşur ve dikkatini sizin üzerinizde yoğunlaştırır. Yanında kimlerin olduğunun önemi yoktur. Bir şekilde konuyu size getirir ya da siz konuşurken ortamda özellikle odağını size yöneltir. Bu gizli bir mesajdır, "Seni önemsiyorum," demektir.

• Sizinle konuşurken gözlerini normalden çok daha fazla kırpıştırır. Heyecan artması, beğeninin artması ile gelen fiziksel bir süreçtir. Kontrol dışıdır.

• Kirpikleri telaşla hareket içindedir, titrer.

• Konuşma hızını sizinkine uydurur. Konuşurken bileklerine dokunur. Kadınlarda bilek cinselliği de simgeler. Çünkü pürüzsüz bir bölgedir ve erkeğin odak noktasıdır.

• Saç kadınlar için çok önemlidir. İki parmağınında arasına bir tutam saç alır ve sürekli onula oynar.

• Bir kadın, özellikle bakımlı ve güzel giyinmiş bir kadın, yanında bir erkek varken beden dili ile duygularını çok açık ifade eder. Diyelim ki buluştunuz ve birlikte oturuyorsunuz. Masanın altından kadının ayaklarına iyi bakın. Çünkü ayaklar yalan söylemez, ayaklarından birinin ucu sizi diğer ayağının ucu başka bir yeri, özellikle çıkış kapısını gösteriyorsa; ya emin değil, ya sıkıldı ya da konunun değişmesini istiyor. Erkeğin hemen bir hamle yapması ve odağı değiştirmesi şart.

• Eğer ki kadının iki ayağının ucu da sizi gösteriyorsa sizinle ilgileniyor, hatta sizi etkin bir şekilde dinliyordur. Tabii ki sizin de aynı mesajı verebilmeniz için ayaklarınızın yönü ona doğru olmalı. Çünkü kadınlar bunu hissederler. Bazen mağazalarda satış eğitimleri esnasında öğrencilere anlatırım: Müşteri mağazadan içeri girdiğinde gözünüzle karşılayın, yani gözlerine samimi bir tebessümle bakarak, "Hoşgeldiniz," deyin. Sonra ayaklarına bakın bir ayağı içeriyi, diğer ayağı çıkış kapısını gösteriyorsa müşteri emin değil ve ilgisini çeken bir şey olmazsa hemen gidecek. Amaç etkin iletişim kullanarak iki ayak ucunu da kendinize çekebilmek.

• Kadınlar için ayakkabı gerçekten çok önemlidir. Ayakkabı kadınların duygularıyla doğrudan bağlantılıdır. Aslında kadınların giydiği ayakkabılar erkekler için de çok önemlidir. Topuklu ayakkabılar çoğu erkek için çekicidir. Erkekler kadınların ayakkabı seçimlerine dikkat ederler. Ayrıca dikkat etmeniz gereken bir şey var ki o da topuklu ayakkabının nasıl giyildiğidir. Daha doğrusu sizinle sohbet ederken bacak bacak üstüne atıyorsa ve bacaklarını üst üste tutup, üstte duran ayağındaki ayakkabının topuğunu çıkarıp sallıyorsa sizi çekici buluyordur. Resimde de gördüğünüz beden dili buna işarettir. Tabii ki ayakkabının vurmaması ya da rahatsız etmemesi gerekiyor, çünkü bu nedenle de aynı hareket yapılabilir. Emin olmak için saydığım diğer hareketlerin de bütün olmasına dikkat edin derim. Düşünün ki resmi bir görüşmeye davet edildiniz ve davette masanın en başında oturan kadın sizin gözlerinizin içine bakarak bu hareketi yapıyor, ne hissedersiniz?

Erkek Âşık Olunca

• Bakışlarınızı yakalamaya çalışır. Erkeklerin avcı olduğunu unutmayın. Kadını yakalamak gözlerle başlar ve bunu ustaca yaparlar.

• Göz kontağı kurar, ardından gözlerini kaçırır ve sonra tekrar sizin tarafınıza bakar. Arada gözlerini kaçırmak erkeğin istediği bir oyundur. Bu hareketli durum heyecanın da artmasını sağlar.

• Konuşurken kolunuza ya da omzunuza dokunur, ancak bunu arkadaşlık samimiyeti içinde yaptığını göstermeye çalışır.

• Saçlarını düzeltmeye çalışır. Bir erkek için en önemli yeri saçlarıdır. Nasıl göründüğü bir kadınınki kadar önemlidir.

• Horoz gibi kabarır, omuzlar daha dik olur, başını yukarı kaldırarak yürür.

• Ses tonunu düşürür sizinle eşleşmek için. Bu nazik bir davettir aslında, kendi ses tonu ile sizi korkutmak ya da sıkmak istemez.

• Erkekler görseldir ve görsel insanlar konuşurken öne doğru eğilirler. Sizinle de konuşurken motivasyonları arttığı için öne doğru eğilirler amaç sizi görme alanlarına almaktır.

- Eli sık sık çenesine gider.
- Başparmaklarını kemerlerine geçirirler. Bu cinsel içerikli bir beden dilidir. Bilirsiniz ki hayat kadınları bu beden dilini çok kullanırlar.
- Herhangi bir objeyi tutarlar. Avuç içlerinde kalem, bardak, cüzdan, telefon gibi nesneleri tutarlar.
- Avcı genlerden gelen bir diğer özellik ise ava bakarken gözleri kısmaktır. Daha iyi daha net görebilmek için sizinle konuşurken gözlerini kısar. Ama bu durum kadınlar için sevimli olarak da algılanabilir.

Aşkın Belirtileri

Aslında dikkat kesilen her birey karşısındakinin ne hissettiğini anlayabilir. Hele bazı durumlar vardır ki kesinlikle saklanamaz. Aşk bu durumların başında gelir. Süreci kimyasal ve nörolojik olarak kanıtlanmış olan aşk insan psikolojisini de derinden etkiler. Bu üçlü etkileşim kontrolümüz dışında bedenimize yansır.

Aşkın ilk aşaması kişiye duyulan hayranlıktır. Birçoğumuz bunu hoşlanma olarak biliriz. İlk görüşte aşk değil ilk görüşte hoşlanma başlar ve bu hoşlanma ansızın çok sevdiğiniz bir ünlüye duyduğunuz hayranlık gibi algılanır. O kişiye içinizde yer arar ama bulamazsınız çünkü o her yerde olmak ister. Bu karışık durum içinden çıkılamaz bir hal alır ve kişiye haz vermeye başlar.

Bir anda insanda ümitler yeşerir. Bilirsiniz ki aşkın iyileştirici özelliği vardır ve insan ümitleri arttıkça yaşama bağlanır. Aşkta da ümitlenme durumu arttığından kişi yaşamı daha çok sever ve yaşama daha haz dolu anlamlar yükler.

Bazı yaklaşımcılar daha sonra "kristalleştirme" denilen bir dönemin başladığını söyler. Bence de öyledir. Dünyadaki tüm güzelliklerin ve iyiliklerin ilgi duyulan kişide bulunmasıdır bu. Bildiğiniz, öğrendiğiniz, gördüğünüz ve duyduğunuz her şey size âşık olduğunuz kişiyi hatırlatır. Kişiyi zihninizde öyle bir yere yerleştirirsiniz ki tek başına oturur zirvede. Bu kadar yoğun hayranlık kişide beklenti yaratmaya başlar, bu beklenti beraberinde şüpheyi de doğurur. "Acaba beni sevmiyor mu?" Gerçekleşmeyen ümitler kuşkularla yer değiştirir. En sonunda ikinci kez kristalleştirme dönemi gelir. Sevgilide yeni cazibeler keşfedilir. Onsuz yaşanamayacağı düşünülür.

Aşk, oldukça karışık nörobiyolojik bir olay olarak tanımlanır. Beyinde güven, inanç, haz duyma ve ödüllendirme fonksiyonları etkinleşmeye başlar. Bu fonksiyonlar, oksitosin, vazopressin, dopamin ve serotonin isimli maddeler aracılığıyla gerçekleşir. Gebelik ve süt verme dönemlerinde farklı etkileri olan oksitosin, duyguları değiştirebilme özelliğine sahiptir. Bu hormon, sevecenlik ve duygusallık dönemlerinde bol miktarda salgılanmakta, oksitosin oranı yükseldikçe aşk duyguları da aynı paralelde artmaktadır. Stres ve gerginlik dönemlerinde oksitosin salgılanması azalır.

Romantik aşkın aşırı canlılık, enerji, uykusuzluk, iştah kaybı gibi bazı davranış özellikleri vardır. Kişi daha enerjik ve uykusunu almış olmak için herhangi bir takviyeye ihtiyaç duymadan kendiliğinden üretmeye başlar. Bazı filmlerde görürsünüz, özellikle fantastik filmlerde karakter bir uyarıcı ya da bir maddeyi kendine enjekte eder ve bir anda tüm vücudunda göz alıcı bir aydınlık oluşur ve sonra inanılmaz güçlere sahip olur. İşte gözle görülmese de âşık olunca insan bendeninde ve ruhunda olan budur.

Erkeklere Özel – Bir Kadını Beden Dilinizle Nasıl Etkilersiniz?

Beden dilini en iyi kadınlar kullanırlar. Çünkü iletişim becerileri erkeklere göre daha başarılıdır. Kıyafetleri, makyajları ve nasıl göründükleri çok önemli olduğu için sık sık bedenlerine bakarlar. Fark etmişseniz sürekli kendilerini düzeltme eğilimindedirler. Bunun nedeni biraz da kültürlerle alakalı olabilir. Çünkü bizim kültürümüzde özellikle kadınlara nasıl oturmaları ve nasıl davranmaları ile ilgili binlerce kodlar yüklenmiştir. Bu kodlarla birlikte kadın olmanın verdiği, "Nasıl gözüküyorum," dürtüsü de eklenince, beden dilini çok iyi kullanmaya başlarlar. Yalnız iletişim çağı erkeklerde de etkili olmaya başladı. Artık erkekler de eğitimlerimize katılıp beden dili ve etkili iletişim üzerine danışmanlık alıyorlar. Ama eğitim ve danışmanlık alamayan hemcinslerim için bu bölümde gerçekten faydalı ve etkili bilgiler vereceğim. Unutulmaması gereken ilk süreç kadınlar nasıl ki kendi beden dillerine dikkat ediyorlarsa karşılarındaki erkeklerin de bedenlerini nasıl kullandıklarına odaklanırlar. Erkekler ne yaptığınızla, kadınlar ise onu nasıl yaptığınızla ilgilenirler.

Yani sizin elinizde çiçekle onun karşına çıkmanız ya da ağzınızda o sihirli iki kelime olan "Seni Seviyorum" ile onu etkilemeniz artık zor. Ya da evli erkeklerin eşlerine herhangi bir konuda yardımcı olmaları kadınları etkilediğiniz anlamına gelmiyor. Çünkü yaptıklarınızdan ziyade onları nasıl karşı tarafa geçirdiğiniz ve kadında hangi hisleri yarattığınız en önemli süreçtir.

Doğru kelimeleri seçmekle ya da üstünüzü başınızı düzeltmekle olmuyor desem. Ya da siz bir kadının karşısına geçtiğiniz anda, yani daha siz bir şeyler söylemeden kadının zihninde elenebiliyorsunuz. İşte anlatmaya çalıştığım şey tam olarak bu, zihninde onu etkilemek bir nevi hipnozite edebilmek.

Yaratılış gereği erkekler güzele, kadınlar ise güçlü olana daha eğilim gösterirler. Bu yüzden adım adım gideceğiz ve ben size bazı teknikler ya da dikkat etmeniz gereken bazı noktalar hakkında bilgi vereceğim.

Güçlü Olun

İlk önce bir erkeğin bir kadını etkilemesi için sahip olması gereken şey "güç" ve "maskülen" bir yapı. Kadının doğası gereği erkeklerin gücünden haz aldıklarını biliyoruz. Hem fiziken hem de ruhen güçlü olduğunuzu hissetmek ister. Fiziki güç derken Kıvanç Tatlıtuğ baklavalarından söz etmiyorum. Duruşunuz çok önemli, güçlü erkek yürürken başı dik, omuzları kalkık ve yere sert basan adımlarla ilerler. Göbekli bir erkek bile gücünü yürüyüş tarzını değiştirerek gösterebilir. Maskülenlik konusuna gelince,kadınların eğlenceli ve komik erkekleri severler düşüncesini biliriz. Ama bunda abartı olmamalı. Erkeğin erkek gibi olması demek *Kurtlar Vadisi*'nden çıkmış tipler demek de değildir. Bedenine hâkim olabilen, kaşı gözü oynamayan, daha ağır ve soğukkanlı olabilmekten bahsediyorum. Bu bölümde bilmemiz ve yapmamız gereken ayna karşısında egzersiz yapmak. Dik durmak ve omuzlar kaldırmak. Tekrar söylüyorum abartmamak gerekiyor. Tam bir horoz gibi yürümek de itici olacaktır.

Özgüvenli Yürüyüş

Hayatta başarıyı yakalamış ve kendisine güvenen erkeklerin beden dilleri incelendiğinde ilginç sonuçlar ortaya çıkıyor. Kadınlar özgüvenli erkeklerden etkilenirler. Bunu fark ettikleri andan itibaren bilinçdışlarında işte bu sinyalleri yanmaya başlar. Özgüvenli yürüyüş için göğsünüzü şişirmeniz önemli. Bunu yaparken de rahmetli Kemal Sunal'ın *Postacı* filmindeki gibi değil tabii ki. Hafifçe göğsünüzü şişirin. Elleriniz önemli, yürürken başparmağınız işaret parmağınıza dokunsun. Bu kadınlarda cinsel çekiciliği uyandırıyor.

Otururken

Oturuş çok önemlidir. Bir kadın ilk görüşmelerde bir yerde erkek arkadaşı ile otururken yakın olmak ister. Bu durum erkekten hoşlandığı zaman olur. Erkekler kadın karşısında otururken görsel oldukları için öne eğilirler. Bunun nedeni görme alanlarına kadını alabilmektir. Ama bu süreci, yani öne eğilmeyi pek uzun tutmamak gerekir, yoksa kadın rahatsız olmaya başlar, hatta siz çok eğildiğiniz için güç ona geçer ve karizmanız biter. Bu yüzden ilk oturduğunuz anda bir merhaba diyerek öne eğilin, birkaç cümle sonra kendinizi geri çekin, işte o sizin alanınıza girmek için çaba sarf etmeye başlayacaktır. Daha sonra sohbet uzadıkça süreci gözlemleyin, iletişimden koptuğunu hissettiğiniz an yine bir hamle ile öne eğilin ve çekilin, bakın neler olacak.

Bedeninizin nereye baktığı da önemli, vücudunuzun ön tarafı nereyle ilgilendiğinizi gösterir. Sürekli kadına dönük halde olmayın, hafif yan durmanız önemli. Çok fazla taciz eder gibi görünmemek adına hafif yana dönmek önemlidir.

Ayaklar Nereye Bakıyor?

Ayaklar ilgi alanlarımızı gösterir hatta yalan söylemeyen tek yerdir ayaklar. Müşteri memnuniyeti eğitimleri verirken bir çok markaya bu anlamda danışmanlık yapıyorum. Ayaklarınızın ucu kadına dönük olmalı, eğer ki ayaklarınız başka bir tarafı gösteriyorsa onunla ilgilenmediğinizi düşünecektir. Ayakları sallamak kadınlara yakışır çünkü feminen duruş için önemlidir. Bu yüzden erkeklerin otururken ayaklarını sallamaları hem iticidir hem de cinsel anlamda çekiciliği azaltır. Çünkü kadınlar ayaklarına hâkim olabilen erkeklerden cinsel olarak da etkilenirler ve onlar hakkında bir yargıya varırlar.

Giyim Tarzınız

Dış giyim iç dünyanız hakkında mesajlar veriyor. Burda amacım gidin markalar giyin, pahalı saatler alın demek değil. Zaten çok da inandığım bir süreç değildir. Önemli olan sizi yansıtacak kıyafetler tercih etmek. Renkler önemli, renklerin önemini başka bir bölümde anlatacağım, "Renklere Göre Kadınlar ve Erkekler" bölümüne bakabilirsiniz. Erkekleri karizmatik hale getiren en önemli şey saat ve ayakkabıdır. Ayakkabınızın öncelikle temiz olması önemlidir.Bütün kadınlar buna dikkat ederler. Kıyafetinizle uyumlu olması şart. Saatiniz az da olsa kaliteli olmalı, lütfen bu süreci okurken yaşınıza uygunluğu da unutmayın.

Bunlarla birlikte kadınlar için en önemli şeylerin başında ağız ve diş temizliğiniz geliyor. Dişlerinizin temiz ve bakımlı olması, ağzınızın kokmaması önemlidir. Çünkü kadınlar iletişimde öncelikle göz ve ağza bakarlar. Bana bakıyor mu, dişleri ve ağzı temiz mi? Eğer temiz ise bana önem veriyor mesajını alıyordur.

* * *

Anlattıklarımın sizde alışkanlık haline gelmesi için öncelikle alıştırma yapmanız gerekiyor. Bunun için ayna karşısında çalışmanızı öneriyorum. İlk başlarda çok yapay olacak ama daha sonra doğallaşacaktır. Çünkü her şey ilk önce yapay sonra doğal olur.

Unutmayalım ki iletişim çağındayız, artık paranızın ve somut olarak sahip olduklarınızın önemi bir yere kadar, şimdi nasıl konuştuğunuz kendinizi nasıl ifade ettiğiniz ve nasıl bir beden diline sahip olduğunuz daha önemli. Medyadaki siyasetçilere, sanatçılara, uzmanlara, iş dünyasındakilere dikkatlice bakın, hepsi artık iletişimin önemini anlayıp kendilerini geliştiriyorlar.

Bize de bu yakışır.

Kadınlara Özel – Bir Erkeği Beden Dilinizle Nasıl Etkilersiniz?

Bu konuda siz kadınların ne kadar başarılı olduğunu tartışmaya gerek yok. Erkeklere göre 1-0 öndesiniz ama yine de birçoğunuzun öğrenmesi gereken bazı ip uçlarının olduğunu düşünüyorum. Neyse ki kadınlar öğrenmeye ve uygulamaya daha açıklar. Uzmanlara başvurma, kitap okuma, kendini geliştirme süreçlerine bakıldığında kadınlar erkeklere göre kat be kat öndeler. Benim merkezime de danışmanlık ve iletişim eğitimleri için en çok kadınlar başvuruyor. Bunun nedeni kadınların daha sorunlu olmaları değil, sorunların daha çok farkında olup değişime istekli olmaları. Ama yine de bazen hoşlandığınız erkeğe kendinizi tam olarak ifade edemediğiniz durumlar olabiliyor. Aranızda utangaç tipler de çok, yanlış anlaşılma korkunuz da beden dilinizi doğru kullanmanıza engel olabilir. Ya da hoşlanmadığınız tipleri kendinizden hızlıca uzaklaştırmak isteyebilirsiniz. İş dünyasından birçok kadına bu anlamda danışmanlık yapıyorum, özellikle erkek müşteri ve çalışanlarla yaşadıkları problemler o kadar çok ki. Bazı çalışan kadınlar ise beden dili eğitimlerini müşteri memnuniyeti ve etkili satış için alıyorlar.

Göz Göze Olmak

Erkekler avlanmayı severler. Yani çabuk elde ettiklerini hissettiklerinde kaçarlar. Sizin göz temasınız onlar için çok önemlidir. Hoşlandığınız erkeğin ilk önce doğrudan gözlerinin içine bakın, bu bakışı kısa tutup sonra omuz üzerinden yan yan bakmaya başlayın. Erkek sizin tam bakışınızı tekrar yakalamak için uğraşıp duracaktır. Kulak hizanızdan yan yan bakarken hafifçe tebessüm etmek erkekleri tahrik eder. Ama bu tebessüm abartılmamalıdır. Abartılırsa rahatsız edici, itici olmaya başlar. Eski Türk filmlerinde Türkan Şoray, Filiz Akın bakışlarına dikkat ettiyseniz ne demek istediğimi anlarsınız.

Gözlerinizle yan bakıp tebessüm ettikten sonra hafifçe başınızı aşağıya eğip tekrar yukarı kaldırdığınızda erkekte hassas, narin ve hoş bir imaj yaratıyorsunuz, unutmayın.

Diyelim ki karşınızdaki erkekten hoşlanmadınız ve onu kendinizden uzaklaştırmak istiyorsunuz. Yapmanız gereken gözlerinin içine bakmamak, bir kere refleks olarak baktıysanız bir daha göz göze gelmemeye çalışın. Bazı ortamlarda uzun süre masada hoşlanmadığınız biriyle kalmak zorunda olabilirsiniz. O zaman da gözlerinizi çok alakasız yerlere dikin, tavana bakın. Bedeninizi öne dönmeyin. Siz uzaklaştıkça o da takibi bırakacaktır.

Eller Nereye?

Eller duygularımızı yansıtırlar. Karşınızdakinden hoşlanıyorsanız, ellerinizi birbirine bağlamayın. Bırakın serbest kalsınlar. Elinizde bardak, telefon vb. şeyler varsa onlara hafifçe çok narin bir şekilde dokunabilirsiniz. Bu erkekleri çok etkiler. Avuç içinizi görebilmelerini sağlayın, samimiyet hissettirir. Bileklerinizi görebilmeleri önemlidir. Cinsel anlamda uyarılmalarını sağlar. Elinizle yaptığınız hareketler yavaş olmalı, takip edebilecek şekilde hareket etmelisiniz. Hızlı hareketler takibi zorlaştırır.

Sakın ellerinizi ceplerinize sokmayın ya da ellerinizi saklamaya çalışmayın. Çantanızı kucağınıza alıp ona sarılmayın, kendinizi kapatmayın.

Nasıl Duruyorum?

Siz kadınların en çok ilgilendiği şeyler arasında nasıl göründüğünüz vardır.Yani karşınızdaki kadın ya da erkeğin sizi nasıl gördüğü çok önemlidir. Ama hoşlandığınız erkek açısından bakarsak, acaba onlar için duruşunuzun önemi ne? Siz onları etkilemek için nasıl bir duruş sergilemelisiniz?

İlk olarak erkeğin karşısında dik durmak önemlidir. Bacaklarınızın birbirine yakınlığı daha da önemlidir. Ayrık, bir ayak bir yere, diğer ayak başka bir yere bakmamalı. İkisi de bir bütünlük sergilemeli. Vücudunuzun erkeğe doğru eğilim göstermesi onunla ilgilendiğinizi gösterir. Fazla talepkâr gözükmeyin ki rahatsız olmasınlar.

Peki Kıyafetim!

Kıyafet kadınlar için çok önemli ama erkekler için de öyle. Etek ve elbise erkeğin özellikle dikkat ettiği kıyafetlerdir. Sanılanın aksine vücut hatlarınızı çok fazla ortaya çıkaran kıyafetler, erkekler için uzun değil kısa süreli ilişki sinyalleri yakıyor. Size yakışanı siz daha iyi biliyorsunuz.

Hangi renkler daha etkileyeci derseniz "Renklere Göre Kadınlar ve Erkekler" bölümünde bu konuya ayrıntılarıyla değindik. Oradan inceleyebilirsiniz. Ama size şunu söylemek isterim, kırmızı ruj erkekler için hâlâ çok etkileyicidir. Topuklu ayakkabı sonsuza kadar cazibesini yitirmeyecek gibi gözüküyor.

Saçlarınızın çok toplanmamış olması orta uzunluk ya da uzun olması erkekleri gerçekten etkiler. Bir de erkekler için sizin saçlarınızla oynamanız ayrı önem taşır. Çok dağınık ya da toparlanmamış saçlar itici olur. Abartı yapılmış saçlar da itici olur. Doğallığınızı bozmadan kendinize yakışanı bulun derim.

Mutlu ve Sağlıklı Olmak İçin Yapılması Gereken Beden Dili Hareketleri

Seminerlerimde ve danışmanlıklarımda çalışmalar yaparken, zihinsel süreçlerin önemi kadar, bedensel süreçlerin önemini de anlatırım. Çünkü birçoğumuz beden dili teknikleriyle daha mutlu ve sağlıklı olabilieceğimizi bilmiyoruz. Beden ile zihin arasındaki muhteşem bağın etkisini öğrendikçe şaşırıyoruz. Spor yapan insanlar ne demek istediğimi anlıyordur, çünkü sık yaptıkları hareketlerle serotonin salgıladıklarını bilirler. Aşağıda yurtdışında yapılmış ve ülkemizde de uzmanların üzerinde çalıştığı beden dili egzersizlerini sizler için toparladım. Hemen uygulamaya başlayın.

1- *Kollarınızı ve bacaklarınızı çaprazlamayın:* Bu hareket savunmacı ve tetikte görünmenize yol açar. Kollarınızı da bacaklarınızı da serbest bırakmalısınız. Fazla yayılmadan tabii!

2- *Göz kontağı kurun ama gözünüzü dikip bakmadan:* Konuştuğunuz kişilerin gözlerine bakın. Bu onların size güven duymasını sağlar. Ama çok dikkatli ve gözünüzü ayırmaksızın bakmamaya çalışın, bu ise muhatabınızı tedirgin eder.

3- *Kendinize ait bir yeriniz olmasından çekinmeyin:* Rahat oturun, köşenize büzülmeyin, "oturduğum ya da beklediğim bu yer şimdilik benim" imajı verin. Kollarınız, bacaklarınız, gövdeniz eğreti değil rahat dursun.

4- *Omuzlarınızı rahat bırakın:* Gergin olduğumuz zaman tüm yük omuzlarımıza binmiş gibi omuzlarımızı düşürürüz. Bu bitmiş, tükenmiş ve çaresiz görünmemize neden olur. Omuzlarınızı bir süre öne arkaya hareket ettirerek rahatlatın, omuzlarınız ve boynunuz dik olsun. Tabii abartmadan ve yapaylığa kaçmadan.

5- *Muhatabınızı anladığınızı belli edin:* Karşınızdaki kişi konuşurken onu dinlediğinizi gösterir şekilde başınızla onaylayabilirsiniz. Ama abartmayın, yoksa Ağaçkakan Woody damgası yersiniz.

6- *Başınızı dik tutun:* Ama yapmacık değil rahat ve doğal bir şekilde.

7- *Muhatabınıza yönelin:* Karşınızdaki kişinin sözlerine önem verdiğinizi belli etmek için ona yönelin ve hafifçe ona doğru eğilin. Bu esnada rahat olduğunuzu göstermek için de ara sıra arkanıza yaslanın. Çok fazla öne eğilmeniz onay beklediğiniz veya çaresiz olduğunuz, çok fazla arkaya yaslanmanız da küstah ve mesafeli olduğunuz mesajını verir.

8- *Gülümseyin:* Bazı şeyleri hafife almayı bilin, olayların arka yüzündeki mizahi yönü görün. Rahatlayın, gülümseyin. Pozitif olursanız insanlar sizi dinlemeye daha gönüllü olurlar.

Ama kendi şakalarınıza gülen ilk kişi siz olmayın. Bu çaresiz ve kaygılı olduğunuzu gösterir. Biriyle tanıştığınızda da gülümsemeyi ihmal etmeyin, ama bu gülümseme yüzünüze yapışmasın, aksi takdirde samimi görünmezsiniz.

9- *Yüzünüze dokunmayın:* Bu tedirgin ve endişeli olduğunuzu, aynı zamanda dikkatinizin dağıldığını gösterir.

10- *Gözleriniz yere değil karşıya baksın:* Yere ya da muhatabınızın dışında çevredeki başka şeylere bakmayın. Başınızı dik, gözleriniz karşıda olsun, ama önünüzü göremeyecek kadar da uzakta değil.

11- *Sakin olun, aceleci davranmayın:* Hızınız çok şey anlatır. Mesela yavaş yavaş yürüyorsanız bu sizi sakin, özgüvenli ve stressiz gösterir. Diyelim ki biri size sesleniyor, boynunuzu son hızla aniden o yana çevirmek yerine yavaş ve sakin bir şekilde yönelirseniz daha kendinden emin bir duruş sergilersiniz.

12- *Kıpırdanıp durmayın:* Parmaklarınızı çıtlatmak ya da masaya vurmak, boynunuzu kıtlatmak, bacaklarınızı sallamak gibi gerginliğinizi belli eden tik benzeri hareketlerden kaçının. Bu imajınızı zedelemekle kalmaz, karşınızdaki kişinin dikkatinin dağılıp rahatsız olmasına yol açar.

13- *Ellerinizi güvenli bir şekilde kullanın:* Ellerinizi yüzünüzde gezdirmek ya da bir yere vurmak yerine konuşmanızı güçlendirici araçlar olarak kullanın. Anlattıklarınızın etkisini artırmak için abartıya kaçmadan ellerinizle açıklamalarınıza güç katın. Tarif ettiğiniz bir şeyin büyüklüğünü, etkisini ifade etmek için uygun el hareketleri kullanabilirsiniz. Ancak ellerinizin oradan oraya savrulmasını önleyin, onları kontrol etmeyi bilin.

14- *İçeceğinizi göğüs aşağısında tutun:* Sohbet sırasında

elinizde çay, kahve ya da meyve suyu gibi bir içecek varsa bunu göğüs hizasında ya da çenenize yakın bir yerde tutmanız sizi savunmacı ve mesafeli bir kişi olarak gösterir. Bardağı daha aşağılarda, örneğin bel hizanızda tutun.

15- *Omurganızın nerede bittiğinin farkında olun:* Çoğumuz sırtımızı dik tutup başımızı öne eğerek dik oturduğumuzu sanırız. Ancak omurgamız zannettiğimiz gibi boynumuzda değil daha yukarıda, başımızın arka kısmında biter. Oturuşunuzda bu bilgiyi göz önünde bulundurun ve sırtınızın yanında başınızı da dik tutun.

16- *Muhatabınızla aranızdaki mesafeyi dengeleyin:* Karşınızdaki kişiyle aranızdaki mesafe bir metreden az olmasın. Bu mesafe yakınlık derecesine ve konuşulan konuya göre değişir ama rutin kural budur. Muhatabınızın kişisel alanına dahil olmayın, aksi takdirde sıkılmasına ve dikkatinin dağılmasına yol açarsınız. Bu durumda uzun bir sohbet de hayal olur.

17- *Aynalayın:* Muhatabımızla aramızda iyi bir iletişim oluşmuşsa, farkında olmasak da birbirimizin vücut hareketlerini aynalarız. Siz de bunu bir kural haline getirin. Muhatabınız size doğru eğilmişse siz de eğilin, size gülümsüyorsa siz de gülümseyin. Tabii aşırıya kaçmadan! Ama her hareketini hemen peşi sıra tekrarlamak tuhaf bir atmosfer yaratacaktır. Burada da ölçüyü kaçırmamaya özen gösterin.

18- *Pozitif yaklaşım geliştirin:* Olumlu, açık ve rahat olun. Hissettiğiniz her şey beden dilinize, oradan da muhatabınıza yansır. Bu yüzden duygularınızı yönlendirin, pozitif düşünceler besleyin.

Aldatmanın Beden Dili

Kimi der, insanın doğasında vardır aldatmak, kimi der insan aslında sadık doğar ama aldatmayı öğrenir. İnsan üzerinde yapılan ve hâlâ da yapılmaya çalışılan araştırmalara yüzde yüz katıldığımı söyleyemiyeceğim. İnsanın değişken bir varlık olduğunu kabul ederek söze başlamakta fayda var.

Galiba yeniliği arama, merak ve değişkenlik her insanda var. Tamam, peki bu dürtülerin insanda olması eşini aldatmasını haklı mı çıkarır? Tabii ki hayır. Bir insan için en zor şeylerden biridir ilişki yürütmek. Çünkü sağlıklı bir ilişki kişinin tamamen kendisiyle yaptığı bir anlaşmadır. İnsan birini sevdiği zaman karşısındaki bilmeden, kendi iç dünyasında kendisine bir söz verir. "Ben onu seviyorum ve ona sadık kalacağım," diye. Kendisiyle yaptığı bu anlaşma olmazsa olmaz. İşte en zor süreç şimdi başlar. Kişi ilişkinin sorumluluğunu almaya başlar, artık yapması gerekenler ve olması gereken yeni bir durum vardır. Bu sözü hem kadın hem de erkek kendisine vermelidir. Ama hangisi daha sadık kalabiliyor derseniz gözlemlerime göre kadın bu süreçte kendisini daha iyi kontrol edebiliyor. Çünkü erkek duygularını kontrol edebilirken fiziksel dürtülerini kontrol etmede zorlanabiliyor. Kadın ise beden kontorolünde erkeğe göre daha başarılı. Ama en zayıf noktası duygularıdır.

En çok erkek aldatır. Ama gerçek anlamda aldatan kişi kadındır. Gerçek aldatma hem ruhen hem fiziken aldatmadır. Kadın aldatırken hem duygusunu katar hem de bedenini. Ama erkek %90 cinsel ilişki için aldatır. Erkeğe göre orada bir aldatma yoktur. Adam karısına döner ama kadın kocasını sevmiyorsa sevdiği birini bulup âşık olur, onunla birlikte olur. Aşkla cinsellik bir araya geldiğinde aldatma olur. O yüzden aldatan kadındır, erkek değildir.

Aldatmayı gerçek ya da gerçek olmayan diye ayırmazsak eğer hiç cinsel ilişkinin olmadığı sadece duygusal ilişkinin yaşandığı ilişkilerden de bahsedelim. Bazı insanlar eşinin ya da sevgilisinin dışında bir kişiyle sadece duygusal bağ kurabilir. Birçok evlinin işyerlerinde, üniversitelerde ya da komşulardan biriyle yaşadığı böyle durumlar vardır.

Anlaşma ruhen yapılır. Evlilik, sevgili anlaşmaları önce ruhen yapılır. Cinsellik ikinci plandadır. "Aldatan erkekler" ikinci plandakiyle sorunlar yaşıyorlar. "Aldatan kadınlar" ise asıl anlaşmayla ilgili sorunlar yaşıyorlar.

Bu yüzden aldatan erkekler çok fazla bunalım yaşamaz, ama yakalanmamışsa erkeğin aldatmak için çok önemli nedenlere ihityacı yoktur, genelde skor için, heyecan için ya da evlilik öncesi çok sayıda kadınla birlikte olmuşsa o süreci devam ettirmek için aldatabilir. Sonrasında kendi hemcinsleri ile bu durumu konuşup bundan çok fazla haz duyar. Bir yönden diğer erkeklerin gözünde idol olduğunu hisseder.

Kadınlarda bu durum farklıdır. Çünkü mutsuz kadın aldatır. Erkeğin genelde aldatması için mutsuz olması gerekmez. Bu durum daha çok kadında anlam bulur. Ayrıca kadın diğer erkek tarafından nasıl algılandığını da merak eder. Kendisine kötü gözle bakılmasını da istemez. Erkeklerde bu durum pek fazla yoktur. Yani diğer kadın tarafından nasıl göründüğünü düşünmez. Çünkü zaten evli olduğunu bildiği halde başka kadın onunla oluyorsa, erkek kendisini tercih edildiği için daha da önemli hisseder.

Aldatan kadın ise diğer erkek tarafından seçilmez, genelde kadın buna karar verir ve ortamı hazırlar. Diğer erkek bu daveti kabul etmiştir. Her zaman aldatan kadın, kimle aldatıyorsa o erkekten daha cesurdur. Çünkü erkek, birlikte olduğu kadının kocasının durumunu, öğrenirse ne olacağını daha çok takar.

Sanal İlişkiler

Sanal ortamdaki ilişki erkek ve kadında farklı ihtiyaçları karşılar. Genellikle de amacına uygun kullanımın dışında. Sanal ortam birçok ilişkiye kuma oldu. Çiftlerin çoğu sanal ilişkiler için partnerini ihmal ediyor. Eğer bir erkek karısını sevgisiz, ümitsiz bırakırsa kadın için en kolay ilgi alma yolu sanal ortam, çünkü kadının önceliği seks değil. Yalnız çoğu kadın sanal ortamdaki ilgiden sarhoş oluyor ve bir süre sonra bu ilgi gitmesin diye ordaki kişi ya da kişilerle seks yapabiliyor. Kadınların geneli sanal ilgiyi terapi etkisi gibi yaşıyor. Ama erkeklerin sanal ortamda zaman geçirmelerinin nedeni ilgi görmek değil. Genelde döl bırakmak. Yani aldatmaya programlanmış beyinleri olan erkekler seks için sanal ortamda gezinirler. Genelde uzun uzun sohbet etmek yerine cinsel fantezilerini gerçekleştirmeye çalışırlar. Erkeklerin bilgisayarlarında kadın fotoğrafları bulundurmalarının sebebi, görsel imajla orgazm olabilmeleridir, çok fazla fotoğrafla yoğun orgazm ilişkisi kurarlar. Sanal ortamdaki kadının ilgiye ihtiyacı olduğunu düşündükleri için fazla romantik moda girip kadını etkileme çabasındadırlar. Kısacası kadınlar duygularını, erkekler yataklarını paylaşmak için sanal âlemde daha fazla zaman geçirirler. Bu demek değil ki sanal ortamdan partner bulup seks yapan kadın yok mudur, tabii ki vardır. Ama bunlar azınlıktır.

* * *

Her şey, birbirinden fiziksel ve zihinsel olarak farklı iki insanın dünyaya gelmesiyle başlar. "Biri erkek, biri kadın". İkisi de birbirini gördü ve kalibre etti, aralarındaki farkları gördüler. Erkek fiziksel gücünü gördü ve doğaya saldı kendini ve kadın içerde onu bekledi. Gücünü kullanan erkek avlandı, avını kadına getirdi, kadın onu işledi ve beraber karınlarını doyurdular. Karınları doyan bu iki insan en önemli ihtiyaçlarından biri olan cinselliği paylaştılar. Bu, ilişkilerini daha da kuvvetlendirdi. Çocukları oldu, hem içerde hem dışarıda kalabalıklaştılar ve toplumlar oluştu. Zaman ilerledi, medeniyetler kuruldu, televizyon icat oldu, binalar yükseldi ve insanlar da değişti. Bu hızlı gelişim, sorunlarla birlikte geldi. Evlilik kurumları sadakat yeminleriyle, imzalı törenlerle yapılır oldu. Ama farklı nedenlerden dolayı (çocukluktan gelen çatışmalar, kültür, aile, toplum baskısı, teknoloji, para, medya, sanat dünyası, iletişim bozukluğu) eşlerden bazıları bu sadakat yeminlerine uyamadı. Şimdilerde en çok üzerinde durulan ve kanayan bir yara haline gelen aldatma yani "sadakatsizlik" bakın ne durumda. Yapılan araştırmalara göre evli çiftlerin %20'si eşlerini aldatıyor. Erkekler karşı cinsin cazibesi, kadınlar ise âşık oldukları için sadakatsizlik gösterebiliyorlar.

Aldatılıp bu yüzden ayrılan, 8 yaşında bir çocuk sahibi bir kadınla sohbet ettim:

A. KAPIŞMAK: Evliliğinizi bize anlatır mısınız?

G. BACACI: Dokuz yıl önce evlendik, gerçekten bir aşk evliliğiydi. İlk başlarda pek bir sorunumuz yoktu, evlendikten hemen sonra hamile kaldım, bir oğlum oldu. Evlenmeden önce çalışıyordum, fakat eşimin isteği ile işimi bıraktım. Pek fazla maddi problemlerimiz yoktu.

A. KAPIŞMAK: Evlendikten sonra her ikinizde de neler değişti?

G. BACACI: Flört ederken çok iç içeydik, her yere beraber gider, bundan çok keyif alırdık. O daha sabırlı, anlayışlıydı.

A. KAPIŞMAK: Peki siz?

G. BACACI: Ben de aslında sabırsızdım, evlilik daha sabırlı yaptı beni. Birçok şeyi alttan almaya başladım, çünkü onu gerçekten seviyordum.

YORUM: Evlenmeden önce her iki taraf da, ortak paylaşım ve kararları olup olmadığını iyi gözlemlemelidir. Hep bir tarafın dediği oluyorsa problem vardır. Mutlu, sadakatli bir evlilik için aşk tek başına yeterli olmaz. Erkeklerin geneli evlenene kadar daha anlayışlı, sabırlı ve esnek olurlar. Genelde çalışan kadın evlenince işini bırakır, bu sorunu ilk zamanlar evliliğin verdiği haz örter. Sonra farklı şekilde sorunlar ortaya çıkar.

A. KAPIŞMAK: Cinsel yaşamınız nasıldı?

G. BACACI: Oğlum üç yaşına gelene kadar bir problem yoktu, anaokuluna başladığı dönemlerde cinselliğimizde de problemler başladı.

A. KAPIŞMAK: Nasıl?

G. BACACI: Oğlumu tek başıma büyüttüğümü hissetmeye başladım. O hep işini bahane ediyordu. Bu beraberinde tartışmaları artırdı ve ben onunla beraber olmak istememeye başladım. Kendimi ev temizleyen, çocuk bakan ve onu mutlu eden biri olarak görmek beni yaralıyordu.

YORUM: Genellikle kadınların en önemli silahı, cinselliktir. Eşler sağlıklı iletişim kuramadıklarında bunu bedenlerine yansıtır. Yani konuşarak sorunları çözemediklerinde bu yolla cezalandırmayı seçiyorlar. Ama bir süre sonra kemikleşen bu süreç başka problemleri de beraberinde getirecektir.

G. BACACI: Sık sık tartışır olduk, ama her şeyden tartışma çıkabiliyordu. Yaptığım işleri beğenmez oldu, annemle arası iyiydi, devamlı beni ona şikâyet ediyordu. Buna dayanamıyordum işte. Bazen de arkadaş ortamlarında olumsuz eleştirmeye başlamıştı.

A. KAPIŞMAK: Durumu düzeltmek için bir şeyler yapmadınız mı?

G. BACACI: Konuşamıyorduk ki, onun iş yoğunluğu hep bahaneydi, bir ara aklıma ikinci bir çocuk geldi, ama iyi ki yapmamışım.

A. KAPIŞMAK: Bir yardım almayı denemediniz mi?

G. BACACI: Ben teklif ettim, ama o ben deli miyim, kafayı yiyen sensin, sen git diyordu.

YORUM: Cinselliğin de etkisiyle olumsuz seyreden bu dışavurumlar iyice sağlıksız hale gelir. Bir süre sonra bir zamanlar üzerinde durulmayan birçok şey, problem olmaya başlar. Farkındaysanız, bireysel yaşam her ikisinde de artmaya başlamış. Çünkü ortak paylaşımlar azalmaya başlamış. Kesinlikle bu duruma gelmeden ya da bu süreçte bir uzmandan yardım alınmalıdır. Burada duygusal anlamda bir yalnızlık ve ardından oluşan cinsel problemler gözleniyor.

A. KAPIŞMAK: Aldatıldığınızı nasıl anladınız?

G. BACACI: Sıkıntılı dönemler devam ediyordu. O sıralar ben kendimden geçtim, "Bari çocukla ilgilen, ara sıra okula götür, onunla oyna," falan diyordum. Tabii o, teklif benden geldiği için her şeye karşı çıkıyordu. Oğlum anaokuluna gidiyordu ve bir gün veli toplantısı vardı, hem anne hem de babaların gelmesini istemişlerdi. Zar zor ikna ettim ve beraber gittik. O gün öğretmeniyle tanıştı, çocuk hakkında konuştuk. O günden sonra, "Galiba haklısın benim de çocukla ilgilenmem lazım, ara sıra ben götüreyim okula," dedi. Çok şaşırmıştım ve inanmamıştım. Oğlumuzu bazen okula götürüyor ve okuldan da almaya gidiyordu. Oğlum çok mutlu oluyordu, bu beni de mutlu ediyordu. Bir gün çocuğumuzu okuldan almaya gitmişti ve beni aradı, "Akşam bir yerlere gidelim," dedi, çok şaşırdım ve gittik. Sanki her şey istediğim gibiydi, çok güzeldi. Bu benim kafama çok takıldı ve psikoloğa sordum, "Neden olabilir?" diye, o da bana, "Çocukla ilgilenmeye başlayınca bundan zevk almış olabilir, eğer çok merak ediyorsan bunu onunla konuş," dedi. Konuştum, benim haklı olduğumu ve bundan sonra her şeyin güzel olacağını söyledi. Çok mutluydum, ama kuşkularım da yok değildi. Ceplerini karıştırmaya başladım ve bir süre bir şey bulamadım. Öğretmenler günü yaklaşmıştı ve ona, "Çocuğumuzun öğretmenine hediye almamız gerekiyor," dedim, bu işi bana bıraktı. O akşam geldiğinde, yine o yatınca ceplerine baktım ve küçük bir kutu buldum, içinde bir yüzük vardı. O an uyandırıp sormak istedim ama yapmayıp bekledim. Sonra kendimi yemeye başladım ve çok agresif oldum, çünkü o yüzük daha sonra cebinde yoktu ve hiçbir açıklama da yapmadı. 10-15 gün sonra, okula oğlumu almaya gittim. Öğretmeni onu getirdiğinde parmağındaki yüzüğü gördüm ve beynimden aşağı kaynar sular boşaldı. Yine de kendimi topladım, inanmak istemedim. Devamlı kurdum ve bir akşam ona öğretmenin ona selam söylediğini söyledim. Yüzü sanki hata işlemiş bir çocuk gibi oldu ve buz kesti. "Sağ olsun, oğlum nasılmış?" dedi. Birden yeter diye bağırıp, her şeyi bildiğimi, öğrendiğimi haykırdım. Hiç itiraz etmedi, bu beni daha da çok sinirlendirdi ve onu evden kovdum.

YORUM: Evet aldatan erkek genelde kendini belli eder. Açıkçası, kadın da bunu çok iyi gözlemleyebilir. Çünkü kadın, iyi bir gözlemcidir. Bu durum anne olan kadınlarda daha fazladır. Kadının duygusal yapısı, hislerinin güçlü olması bu gözlemleme kabiliyetini artırır. Bir de anne olan kadın, konuşamayan bebeğini uzun bir süre gözlemler ve her hareketinden onun ne istediğini bilir, bu da kadını iyi bir gözlemci yapar. Erkek de tavırlarıyla kendini belli eder. Ya eve ilgisi birden artar ya da tamamen azalır, yüzünde suç işlemiş çocuk ifadesi vardır, konuşmalarında tutarsızlık olur, kendine daha fazla ilgi gösterebilir.

A. KAPIŞMAK: Sonra ne yaptınız?

G. BACACI: Ona acı vermek istedim, "Beni neden aldattı, neyim eksik, beğenmiyor mu?" diye sorularla boğuldum. Her şeyden önce gururum kırıldı. Bir süre deli gibi alışveriş yapmaya başladım ona zarar vermek için. Sonra her akşam başının etini yedim, ama en önemlisi okul müdürüne durumu anlatıp o kadını okuldan attırdım. Bu beni rahatlatmadı, sıra eşimdeydi. Hatta onu aldatmak bile içimden geçti. Her kavgamızda onu evden kovuyordum.

A. KAPIŞMAK: Eşiniz ne yapıyordu?

G. BACACI: Kavgalarımız arttı. O pişman olduğunu, yuvanın yıkılmaması gerektiğini söylüyordu. Ama güven benim için çok önemliydi, o da bitmişti artık. İki ay dayanabildim, sonra boşanmak için mahkemeye başvurdum. Annemle konuştu, diğer yakınlarımızla da... Ama benim için onların da söyledikleri önemli değildi. Artık evde kalmıyordu, çünkü eve almıyordum. Mahkemeden bir hafta önce kapı çaldı, gelen oydu. Ne işin var burada dedim, içeri girmek istedi, son kez içeri aldım. Vazgeçmem için yalvardı, tehdit bile etti, çocuğu öne sürdü, yine kovdum, çok sinirliydim çünkü.

YORUM: Genelde aldatan erkek boşanmak istemez. Çünkü evdeki eşi düzenli bir hayatın öncüsüdür, çocuğunun da annesi. Aslında o en çok güvendiğidir ve onunla bir ömür geçirmek ister. Ama arada bir haz ve heyecan yaşamaktan da kendini alıkoyamaz. Genelde bilir ki aldattığı kadınla ömür geçiremez, bunun yanlış olduğunun farkındadır. Cinsellik için aldatmalarda boşanmayı genelde istemez erkek, ama aşk nedenli aldatmalarda boşanmayı seçebilme olasılığı çok yüksektir.

A. KAPIŞMAK: Size göre erkek neden aldatır?

G. BACACI: Hepsi aynı bence, hepsinin derdi cinsellik, etrafım bu olaylarla dolu inanın, her yerde hep aynı hikâyeler... Yaşları ne olursa olsun hepsinin derdi aynı.

YORUM: Evet gerçekten de aldatma olayları artıyor. Tabii günümüz koşulları da buna çok müsait. Ayrı odalarda bilgisayar başında saatlerce zaman geçiren o kadar fazla çift :) var ki. Yaşı, kimliği, ekonomik durumu ne olursa olsun herkes bunu yaşayabilir. Aldatmada iki kişi yer alır bu yüzden sadece erkeğin değil, kadının da buradaki rolü göz ardı edilmemelidir. Ve evlenmek üzere olan çiftler birlikte bir uzmana gidip görüşürlerse daha sonrasında sorunların yaşanma ihtimali azalacaktır. Aldatılan kadınların ne yapacaklarını bilmeleri önemlidir.

Kadınlara Öneriler

Kadınların beğenilme ihtiyaçları vardır. Bu ihtiyaçtan dolayı cazibesini yitirmemeye çalışan kadındır. Çünkü bu özellikle sadece kadına verilmiştir. İlişkilerin, evliliklerin ilk zamanlarında kadın cazibesini sürekli sıcak tutar ve bu davranış erkeğiyle olan birlikteliklerini heyecanlı yapar. Tabii bu süreçte erkeğin de kadının ihtiyaçlarını karşılaması gerekmektedir. Eğer bir kadın partneri tarafından beğenilme ihtiyacını kaybederse cazibesini bir süre sonra yitirir. Bu yitimden dolayı ilişkide heyecan azalmaya başlar. Bunun nedeni çiftler arasındaki yanlış iletişimdir, hatta iletişimsiziliktir diyebiliriz.

Çünkü erkekler ilişkilerde sorun yaşadığında akıl vermeye ve haklı çıkmaya çalışırken kadınlar işi yokuşa sürüp, erkeği daha çok sinirlendirme yoluna giderler. Çünkü bu tür sorunlarda erkekler güç kaybı korkusu, kadınlar ise anlaşılmama duygusu yaşarlar. Böyle bir ilişkide heyecan olmaz.

Heyecan için sadece kadının değil erkeğin de biz dilini yakalaması gerekir. Eğer kişi kendisine: heyecan için, mutluluk için nasıl bir kadın (erkek) olmalıyım diye sorabilirse çözüm bulur. Cazibe kaynağı kadın olduğu için davetkâr olan da genelde kadın oluyor. Erkekler davet almayı kadınlar davet etmeyi çok iyi bilirler. Ama sorsanız çoğu kadın, "Artık davetsiz misafir istiyorum," diyorlar. Çünkü sürpriz istiyorlar. Erkekler verileri kullandıkları için kadının cazibesine odaklanır, kadınlar hislerini kullandıkları için o anlasın isterler.

Kadınlara önerim, dünyanın merkezine eşlerini koymamalarıdır. Merkezde kendileri olurlarsa mutlu olur ve mutlu ederler. Kendi gelişimlerine yatırım yapmaları gerekiyor. Erkeğe "sana bağımlıyım" mesajı vermemeleri lazım, bu erkeği zalimleştirir. "Sana bağlıyım" mesajı verilmeli. Erkeğe, "sen yetersizsin, bir işe yaramıyorsun" mesajı verirlerse erkek uzaklaşır. Kendisini yeterli hissettiği ortamlarda olmaya başlar. İlişkide heyecan için kadınlar evlerine yatırım yapıyor. Ama hiçbir erkek ev temiz ya da düzenli diye kadınla seks yapmak istemez. Kadın bakımlı, özgüvenli olmalıdır. Erkeğin her hatasından sonra erkeğe bedel ödeten kadın kazanır. Erkeğe, "sen yeterlisin benim popülasyonumda güçlüsün" mesajı veren kadın erkeğe her şeyi yaptırır. Yani kocanızdan bir kilo elma istediniz, o da gitti iki kilo aldı: "Ben sana ne dedim, çocuğa söylesem anlar, hep bunu yapıyorsun," derseniz, erkek alanınızdan uzaklaşmaya başlar. Heyecan için erkek yeterli ve güçlü olduğunu, kadın ise beğenilen, arzulanan olduğunu hissetmelidir. Yoksa evli çiftler sadece anne, baba ve arkadaş olur. Sevgili olamazlar.

Aldatan Erkekleri Nasıl Anlarsınız?

Her insan ister evli olsun, ister sevgili partnerinin sadakatini bazı zamanlar sorgular. Ne kadar güvenirse güvensin içi rahat durmaz. "Acaba mı?" diye sorar kendisine. Emin değilse eğer ve şüpheleri artıyorsa dedektif olur ilk önce. Gizliden gizliye takibe alır eşini, sevdiğini. Ezberlemiştir her hareketini, her mimiğini. Sınar durur.

Ama sizin de ilişkiniz normal gitmiyorsa ve sevgilinizin sizi aldattığından şüpheleniyorsanız beden diline dikkat kesilin. Çünkü ne söylerse söylesin gerçekleri beden söyler. Aldatma beraberinde yalanı da getirir. Sakladığını düşünse de aldatan erkek sorguya çekildiğinde yalana başvurabilir. Kimisi kaçar, kimisi yalan söyler, kimisi siz anlamadan sizi suçlu çıkarır. Şimdi aldatan erkeğin tipik beden ve ruh dünyasıyla ilgili tüyoları paylaşalım:

• Sevgiliniz içindeki suçluluk duygusunu bastırmak için sizin isteklerinize her zamankinden fazla duyarlılık gösterir. Özellikle diğer ilişkisinin ilk dönemlerinde. Yani vicdan yapmaya başlar ve bu durum tamamen suçluluk psikolojisidir.

• Size sık sık hediye almaya başlar. Alışkanlıkların bir anda hızlıca değişmesi iyi bir işaret değildir.

• Yeni hobiler edinmesi sizi şaşırtmasın çünkü kendiyle ilgilenme, kendini önemsemeleri artar. Amaç diğer kadına kendini farklı gösterme çabasıdır. Bir anda o yoğun çalışan adam kendine özel zamanlar yaratmaya başlar. Bu durum çoğunlukla ileriki zamanlarda diğer kadınla geçireceği zamanların yalanları için bir zemin hazırlar.

• Hem siz hem de diğer kadını beyninde tutamaz. Duygular birbirine karıştıkça huzursuzluklar artar. Çünkü aitlik duygusu azalır ve sürekli saklama çabası kendi özünden uzaklaşmasına neden olur. Bu gerginlik her olaya agresif tepkiler verip sık sık kavga çıkarmasına neden olabilir.

• Öyle şeyler yapar ki sizin ona üzülmenizi ve vicdan yapmanıza neden olur. Siz ise bir süre sonra kendinizi suçlamaya başlarsınız.

• Size ilk başlarda gösterdiği ilgi azalır. Diğer kadınla ilgilenme artar. Yaşadığı gizli durumlar arttıkça sizinle daha az zaman geçirmek ister çünkü bir yerden açık vereceğini düşünmeye başlar.

• Ruh halimiz bilinçdışına depolanır. Eğer yaşantımızda yaratılışımıza ters olan bir şeyler varsa bu, gerginlik olarak bilinçdışına yerleşir. Bu durumu birileri ile paylaşmıyor ya da özgürce yaşamıyorsak gece uykularımızda savaşa dönüştürürüz. Kâbuslar başlar.

• Müzik, sinema gibi alanlarda zevkleri değişebilir. Daha önce nefret ettiği türleri beğenerek takip edebilir. Bu seçimler yeni ilişkisinin zevkleri hakkında fikir verir.

• Birden kendisini çok beğenmeye başlayabilir. Zamanını eskiye göre daha çok ayna karşısında geçirir. Çünkü başka bir kadın onu beğenmeye başlamıştır, bu erkekteki özgüveni de artırır ve kendisini değerli hisseder. Eğer başka bir kadın onu bu kadar beğeniyorsa geçrekten beğenilir olduğunu düşünmeye başlar. Sonuç olarak özbakım ve süslenmeye daha çok zaman ayırır.

• Sizi ya da ilişkinizi başkalarıyla kıyaslayabilir. Bu artık sizin tek olmadığınızı düşündüğünü gösterir. Elinde olmadan yaptığı bu kıyas sıklaşmaya başlayabilir.

• Artık hiçbir eleştiriye tahammülü kalmayabilir. Sürekli kendini savunma tavrını takınabilir. Çünkü diğer kadın onu eleştirmiyordur özenle, dikkatlice dinliyor ve egosunu yükseltiyordur. Sizin yanınızda ise yaptığınız her eleştiriyi eskisi gibi algılamaz, çünkü egosu rahatsız olmaya başlar.

• Eve geç gelmeye başlar. Evdeki sorumluluklarını ya da eskiden düzen konusunda önem verdiği konuları atlayabilir. Bu durum her erkek için geçerli olmayabilir çünkü bazı erkekler diğer kadınla geçirecekleri saatleri iş saatleri içine yerleştirebilirler.

• Harcamaları artmaya, kredi kartı borçları fazla gelmeye başlar. Siz sorduğunuzda ise geçiştirir net bir açıklamada bulunamaz.

• Sizin nasıl göründüğünüzle artık daha az ilgilenir. Saçınız ya da kıyafetlerinizle ilgili yorum yapmaz. Eğer önceden sizin görünüşünüzle çok ilgili değilse sizin bu madde sizin için geçerli değil.

• Sizin ona yaptığınız sürprizler karşısında eskisi gibi coşkuyla tepki vermez. Bu içinde suçluluk duygusundan kaynaklanır.

• Kadınlar eşlerinin telefonlarını karıştırmaktan kendilerini alıkoyamazlar. Hele ki aldattıklarından şüpheleniyorlarsa telefon merak konudur. Ama artık aldatan erkekler bunun farkına vardılar. Telefonlarının son arama ve aranma ile mesaj kutularını boşaltırlar.

• Birdenbire arkadaşlarıyla her zamankinden daha fazla vakit geçirmeye başlar. Aldatan erkek için erkek arkadaşları iyi bir bahane olur. Zamansız bir şekilde gitmesi gerekiyorsa erkek arkadaşlarını bahane etmekten kaçınmazlar.

• İlişkinizin geleceği hakkında evlilik, ev alma gibi planlar hakkında konuşmamaya başlar. Artık gelecek planları yapamaz hale gelir, çünkü kafası karışıktır. Düşünsenize hem size hem de diğer kadına gelecekle ilgili konuştuğunu.

• Bedeni sizden uzaklaşmaya başlar. Daha hızlı uykuya dalar.

• Yaptığı şakalar sizi güldürmekten çok kırmaya başlayabilir, eski hoşsohbet tavrı kalmaz.

• Kullandığı bilgisayarı sürekli kapalı tutar ve kilit koyar, sizin kullanmanızı istemez.

• Sizinle gitmediği ya da onun bildiğini bilmediğiniz mekânlar hakkında yorum yapmaya başlar.

• Eğer konuşkan değilse bir süre sonra sizin yanınızda başkalarıyla etkili iletişim kurmaya başlayabilir

• Ağzı iyi laf yapar, konuşmasıyla herkesi etkiler.

Sizinle Mutlu Olup Olmadığını Gösteren Beden Dili

Sizinle Mutlu Olduğunu Gösteren Beden Dili

Sizin yanınızdaki beden diline dikkat edin. Çünkü bir eşinizin ya da sevgilinizin mutlu olması için sadece sizin onun yanında olmanız yeterli olmalıdır. Eğer ki yanınızda iken gergin ve stresli davranışlar sergiliyorsa bunun iki nedeni olabilir. Birincisi içinde yönetemediği olumsuz duygular vardır, yani işi ya da çözümleyemediği herhangi bir şeyi düşünüyordur. Ya da gerçekten sizinle o an birlikte olmak ona mutluluk vermiyordur.

Sevgilinizin sizinle ne kadar göz teması kurduğuna dikkat edin. Eğer bir şeyler anlatırken ya da birlikteyken sürekli gözlerinizin içine bakıyorsa, sizden çok etkileniyor demektir. Göz teması aynı zamanda samimiyetin ve "seninleyim" mesajıdır. Seven insan eğer ki sevdiğinin yanındaysa gözleri sevdiğinin üzerindedir. Açıkçası etrafa daha az ama size daha fazla dikkatlidir. Gözlerinizdeki alışveriş süresi önemlidir.

Sevgiliniz sizden uzak durma eğiliminde mi? Bir insan birinin yanında mutlu ise bedenini ona yakın tutar. Çünkü biz insanlarda bizi mutlu eden kişiye ya da şeye yakınlaşma eğilimi vardır. Eğer ki sizinleyken siz istemeden size yakın olmak için sohbet esnasında birden değil ama yavaş yavaş yaklaşıyorsa mutludur. Birlikteyken konuşmalarınız esnasında yani siz konuşurken sık sık yakınlaşıp uzaklaşıyorsa biraz dikkatli olmakta fayda var. Çünkü sizden gelecek mesajlara göre kendi duygularına şekil veriyordur. Bu da samimi değildir. Siz ne söylerseniz söyleyin her şeye rağmen yakın olması gerekir. Yoksa ilerde siz onun mutlu olacağı şeyleri söyleyen ve onun bencilleşmesini sağlayan birine dönüşürsünüz.

Aşk ve mutluluk denen şey dokunmayla daha çok kendini gösterir. Sevdiğiniz bedeninize ne kadar sık dokunuyor? Bedeninizin neresine dokunduğunun önemi yok. Önemli olan her dokunuşunda temasın ne kadar devam ettiğidir. Mesela siz sohbet esnasında gerginleştiğinizde dokunup siz rahatken teması kesiyorsa bunu ona söyleyin. Aşırı dokunması da, hiç dokunmaması da mutsuz olduğunu gösterir. Beden algısı diye bir şey vardır. Aşkta kişi kendi beden algısını yitirir ve kendisini tamamlanması gereken bir varlık olarak görür, bu yüzden sizinle ne kadar çok dokunsal temasa girerse aslında ilk önce kendisi rahatlar, sonra sizi rahatlatır.

Sevgilinizin avuçlarının terleyip terlemediğine, sıcak olup olmadığına bakın. Bu, onun sizi gördüğünde ateşinin yükseldiğinin bir göstergesi olabilir. Aşkın kimyasal süreci vardır. Bu süreç beden dilinde kendini gösterir. Aşkın rengi pembedir ve sevdiğinizin yüzünde pembeleşme hem utanma hem de sevgi yoğunluğunu gösterir. Bazı tipler çok heyecanlıdır.Bu heyecan somatik olarak beden dilinde kendini gösterir. Terleme, yutkunma güçlüğü, gözbebeğinin büyümesi gibi.

Sevgilinize bir şeyler anlatırken sizi dinleyip dinlemediğini başını sallayıp sallamadığından anlayabilirsiniz. Yalnız burada dikkat etmeniz gereken şey, kadın ve erkek beden dilinin farklı olduğudur. Çünkü kadınlar sizi dinlerken, dinlediğini göstermek için başlarını onay verir şekilde sallarlar. Ama erkekler genelde dinlerken değil de sadece sizi anladıklarında başlarını sallarlar.

Yani erkek başını sallıyorsa söylediklerinizi anlamıştır kadın sallıyorsa sizi dinliyor ve anlıyordur.

Partnerinizin davranışlarıyla sizin davranışlarınız arasında bir ahenk var mı? İlişkilerde uyum çok önemli. Bir insanın beden dilinden size karşı hissettiklerini anlayabilirsiniz. Mesela uyumlu çiftleri gözlemlediğimizde farkında olmadan aynı hareketleri yaptıklarını görürüz. Örneğin masada otururken siz kolunuzu masaya koyduğunuzda ya da bir anda arkanıza yaslandığınızda veya öne eğildiğinizde parneriniz de bir iki saniye sonra sizinle aynı şeyleri yapıyorsa mutludur.

Yüz mimikleri beden dilinde çok önemlidir. Âşık olan insanların yüzlerine dikkatli bakmanız önemlidir. Mesela partnerinizle sohbet ediyorsunuz ve eğlenceli bir şeyler anlatmaya başladınız. Doğrudan yüzüne bakın gülerken ya da tebessüm ederken hem göz kenarlarının hem de ağız kenarlarının kırışması gerekir. Eğer sadece ağız kenarları kırışıp göz kenarları kırışmıyorsa samimi değildir.

İki kişinin mutlu mesut olduğunu anlamanın bir diğer yolu da soyut becerileridir. Yani bir yerdesiniz ve başbaşasınız, bu durumda içeriği ne olursa olsun sohbet ediliyorsa ilişki vardır. Ama nedensiz yere uzun uzun sessizlikler oluyorsa ilişki gözden geçirilmedir. Çünkü bazı çiftler etkinlik olsun diye yemeğe çıkarlar ama sadece yemeklerini yer dönerler. Burda amaç birliktelik ve paylaşımdır. Sohbet az ise bu bir mesaj olabilir.

"Kaç saat oldu anlamadık," mutlu beraberliklerde sık söylenen bir sözdür. Partnerinizle birlikteyken saatin nasıl geçtiği anlamıyorsanız ve plansız programlardan bile keyif alabiliyorsanız ilişkiniz iyi demektir.

Parnetinizin sizinle mutlu olduğunu gösteren bir diğer beden dili ise ayaklarının yönüdür. Masanın altından gizlice bakın eğer ayak parmakları size doğru ise sizinle ilgileniyor ve mutludur. Ayaklar yalan söylemeyen tek organdır.

Sizinle Mutsuz Olduğunu Gösteren Beden Dili

Ellerin kolların kapanması ve parmak uçlarının koltuk altlarında saklanması rahatsız edici bir durumdur. Genelde iletişimi kapatmak için farkında olmadan yaptığımız bir beden dilidir. Eğer partner mutsuz ise oturduğu yerde arkasına yaslanıp kollarını kapatabilir.

Esnemek, ya uykumuz geldiğinde ya da sıkıldığımız zaman istemdışı oluşan bir reflekstir. Partneriniz sizin yanınızdayken sık sık esniyorsa sıkılıyor ve mutsuzdur. Yine ayaklarına bakmanız gerekir. Eğer ayaklarını birbirine kenetlemiş ve geriye çekmişse ciddi ciddi sıkılmış ya da mutsuzdur. Ayakların rahat ve öne doğru olması gerekir. Yukarıda söylediğim gibi ayak uçları sizi değil de çıkış kapısını ya da başka bir yeri gösteriyorsa sizinle pek ilgilenmiyordur.

Kadın partneriniz sizinleyken sık sık kendi boynuna dokunuyor ve ellerini boynunda yavaş dokunuşlarla gezdiriyorsa sıkılmıştır ve rahatlama ihtiyacı duyuyordur.

Eğer erkek partneriniz başını sık sık öne eğip elleriyle ensesini ya da yüzünü kaşıyıp duruyorsa bu onun sıkılmış ve mutsuz olduğu anlamına gelir.

Somut şeylerle fazla ilgileniyorsa sizinle o an mutlu değildir. Örneğin çantası, telefonu, masadaki objeler ya da herhangi bir nesne ile sizin yanınızdayken fazla ilgiliyse dikkat edin. Bu kadar somutla ilişki de tehlikelidir.

Beden dilini izleyin, sizinle birlikteyken aranızdaki mesafe çok mu açık, ya da sık sık bedenini sizden uzaklaştırıyor mu? Yanınızda otururken başı başka tarafa sık sık dönüyor mu? Eğer öyleyse ilgi sizde değildir.

Bazen de mutsuz olan kişi abartılı bir beden diline sahip olabiliyor.Yani bir ara çok yakınken bir ara çok uzak kalıyor. Bir ara kullandığı kelimeler ve ses tonu sıcakken birden soğumaya başlıyor.

Partneriniz sürekli ellerini biribirine kavuşturup bacak arasına alıyorsa gergindir ve rahatlama ihtiyacı duyuyordur. Kadınlar genelde bacaklarını kıvırıp karınlarına çekerler. Tüm bedenlerine dokunurlar. Rahatlama ihtiyaçlarından kaynaklanan bir beden dilidir bu. Onu rahatlatacak kişi sizsiziniz unutmayın.

Erkek ve Kadının Beden Dili

Erkek Flört Hareketleri

Çoğu hayvan türü gibi insanların da erkeği dişiye yaklaşırken hazırlık hareketleri yapar. Elini boğazına götürerek kravatını düzeltir. Kravatı yoksa yakasını düzeltir veya omuzlarından hayali tozları silkeler ve kol düğmelerini, gömleğini, ceketini ve diğer giysilerini düzeltir. Ayrıca saçını da düzeltebilir.

Dişiye karşı yapabileceği en saldırgan cinsel gösteri jenital bölgeyi vurgulayan saldırgan başparmaklar kemerde hareketidir. Ayrıca vücudunu kadına çevirerek ayağını ona doğru uzatabilir. Mahrem bakışı kullanır ve bakışlarını normalden bir an daha uzun tutar. Gerçekten ilgileniyorsa gözbebekleri büyür. Genellikle boyutlarını vurgulamak ve dişiyle ilişkiye geçmek konusundaki hazır olma durumunu göstermek için ellerini kalçalarına koyar. Otururken veya bir duvara yaslanırken apış arasını göstermek üzere bacaklarını da açabilir.

İş flört ayinlerine geldiğinde çoğu erkek, nehir kenarında durup kafalarına büyük bir sopayla vurarak balık avlamaya çalışan biri kadar başarılıdır. Aşağıda göreceğimiz gibi kadınların balıklarını avlamak için hiçbir erkeğin hayal edemeyeceği kadar çok hileleri ve avcılık becerileri vardır.

Sandalye Binicisi Erkekler

Yüzyıllar önce insanlar kendilerini düşmanların mızrak ve sopalarından korumak için kalkanlar kullanırlardı. Bugünse, uygar insan fiziksel veya sözel olarak saldırıya uğradığında aynı korunma hareketini simgelemek üzere etrafında ne bulursa onu kullanır. Buna bir kapı, çit, masa, arabasının kapısının önünde durmak veya bir sandalyeye binmek (Şekil 1) dahildir. Sandalyenin arkalığı vücudunu koruyan bir kalkan görevi yaparken onun saldırgan ve egemen bir savaşçıya dönüşmesini sağlayabilir.

Sandalye binicilerinin çoğu, konuşulanlardan sıkıldıklarında başkalarının veya grupların kontrolünü ellerine geçirmeye çalışan baskın kişiler olup sandalyenin arkalığı da grubun diğer üyelerinden gelebilecek "saldırılara" karşı iyi bir koruma olanağı sağlar. Bu kişiler genellikle sessiz tiplerdir ve sandalyeye binme pozisyonuna fark edilmeden geçebilirler.

Sandalye binicisini etkisiz hale getirmenin en kolay yolu arkasında durmaktır veya oturarak onun kendini saldırılara maruz hissetmesine neden olmak, konumunu değiştirmeye ve daha az saldırgan olmaya zorlamaktır. Grup içerisinde bu işe yarayan bir yöntemdir çünkü sandalye binicisinin arkası açıkta kalır, bu da onu konumunu değiştirmeye zorlar.

Peki ya döner bir sandalyeye binmiş bir erkekle teke tek karşılaşmayı nasıl halledersiniz? Özellikle döner bir atlı karıncanın üzerindeyken onu mantığa davet etmenin hiçbir anlamı olmadığından en iyi savunma sözel olmayan saldırıdır. Konuşmaya ayakta durarak ve sandalye binicisine yukarıdan bakarak devam edin ve kişisel alanına girin. Bu onu çok rahatsız edecek ve belki de konum değiştirmeden kaçınmaya çalışırken sandalyesinden geriye düşebilecektir.

Bir sandalye binicisi ziyaretinize gelecekse ve saldırgan tavrı sizi rahatsız ediyorsa en sevdiği pozisyonu almasını engellemek için onu kolları olan sabit bir sandalyeye oturtmaya çalışın.

Şekil 1: Sandalye binicisi erkek

Pamukçuk Toplayıcı Erkekler

Birisi başkalarının görüş veya davranışlarını onaylamadığı ama kendi görüşünü bildirmekten de çekindiğinde yaptığı sözel olmayan hareketler açığa vurulmayan bir görüşten kaynaklanan hareketlerdir ve bunlara yerine koyma hareketleri denir. Kıyafetlerinin üzerinden hayali pamukçuklar toplamak da bu hareketlerden biridir.

Pamukçuk toplayıcı erkekler genellikle bu önemsiz ve ilgisiz hareketi yaparken bakışlarını kadınlardan veya diğer insanlardan kaçırır ve yere bakar. Bu onaylamamayı gösteren en önemli işaretlerden biridir, dinleyici sürekli olarak kıyafetlerinden hayali pamukçukları topluyorsa sözel olarak her şeyle fikir birliğinde olduğunu belirtse bile söylenenlerden hoşlanmadığı rahatlıkla anlaşılabilir.

Bu durumda avuçlarınızı açarak, "Peki ne düşünüyorsun?" veya "Bu konuda bazı düşüncelerin olduğunu görüyorum. Bunları bana anlatır mısın?" deyin. Kollarınız ayrı, avuçlarınız görünür şekilde arkanıza yaslanın ve cevabı bekleyin. Karşınızdaki sizinle fikir birliğinde olduğunu söyler ama pamukçuk toplamaya devam ederse gizli itirazını keşfetmek için daha doğrudan bir yaklaşım gerekebilir.

Şekil 2: Pamukçuk toplayıcı erkek

Baş Hareketler

En yaygın olarak kullanılan iki tanesi, yani onay için baş sallama ve reddetmek için başı yana sallama olmak üzere temel baş hareketleri tartışılmadan bu kitabın tam kabul edilmesi imkânsızdır. Onay için başı sallama hareketi çoğu kültürde "Evet" veya onay anlamına gelen olumlu bir harekettir. Doğuştan sağır, dilsiz ve kör olan kişilerle yapılan araştırmalar bu kişilerin de onay amacıyla bu hareketi kullandıklarını göstermiştir. Bu da bu hareketin doğuştan gelebileceği kuramına yol açmıştır. Genellikle "Hayır" anlamına gelen kafayı yana sallama hareketinin de doğuştan geldiğini iddia edenler olduğu gibi bunun insanların ilk öğrendikleri hareket olduğunu iddia edenler de vardır. Bunlara göre yeni doğan bebek yeterince süt içtiğinde annesinin memesini reddetmek için kafasını yana sağlar. Aynı şekilde karnı doyan küçük bir çocuk da ebeveynlerinin kendisini kaşıkla yedirme girişimlerini reddetmek için aynı kafa sallama hareketini kullanır.

Başkalarıyla ilişkilerinizde gizlenen bir itirazı keşfetmenin en kolay yolu, karşınızdaki kişinin sözleriyle sizinle aynı fikirde olduğunu söylerken kafasını yana sallayıp sallamadığına bakmaktır. Örneğin, "Ne demek istediğini anlıyorum," veya "Seninle olmak gerçekten hoşuma gidiyor," veya "Yılbaşından sonra kesinlikle birlikte yaşayalım," derken bir yandan da kafasını yana doğru sallayan bir erkeği ele alalım. Kulağa ne kadar inandırıcı gelirse gelsin kafa sallama hareketi olumsuz bir tavrı olduğunu ve söylediklerini ciddiye almayarak onu biraz daha sorgulamanızın iyi bir fikir olacağını gösterir.

Şekil 3: Nötr baş pozisyonu

Şekil 4: Ilgilenmiş baş pozisyonu

Şekil 5: Onaylamayan baş pozisyonu

Temel Baş Pozisyonları

Üç temel baş pozisyonu vardır. Birincisinde baş yukarıdadır (Şekil 3), duydukları karşısında nötr bir tavra sahip birisinin pozisyonudur. Baş genellikle hareketsiz olup ara sıra ufak eğilme hareketleri yapabilir. Bu konumda eli yanağa götürerek değerlendirme hareketleri sık kullanılır.

Baş bir yana doğru eğildiğinde (Şekil 4) bu, kişinin ilgilenmeye başladığı anlamına gelir. Kadınlar bu baş hareketini çekici bir erkekle ilgilendiklerini göstermek için kullanırlar. Birileri sizinle konuşurken onların size karşı sıcak duygular beslemelerini sağlamanız için kafa yana eğik pozisyonu kullanarak ara sıra başınızı öne eğmeniz yeterlidir.

Başın aşağıya eğik olması, tavrın olumsuz hatta yargılayıcı olduğunu gösterir (Şekil 5). Eleştirel değerlendirme hareket gruplarında genellikle baş aşağıya eğiktir ve karşınızdakinin başını kaldırmasını veya yana eğmesini sağlayamazsanız bir iletişim sorunuyla karşı karşıya kalabilirsiniz.

Her İki El de Başın Arkasında

Bu hareket muhasebeci, avukat, satış müdürü, banka müdürü gibi mesleklerden olan erkekler veya kendilerine güvenli, bir konuda kendilerini baskın yahut üstün hisseden kişilere özgü bir harekettir. O kişinin düşüncelerini okuyabilsek büyük olasılıkla, "Tüm cevaplar bende," ya da "Bir gün belki benim kadar akıllı olursun," hatta "İlişki kontrolüm altında," gibi bir şey söylüyor olurdu. Bu hareketi aynı zamanda "her şeyi bilenler" kullanır ve çoğu kişi bu hareketi sinir bozucu bulur. Avukat olan erkekler meslektaşlarıyla birlikteyken bu hareketi ne kadar bilgili olduklarının bir göstergesi olarak sık sık kullanırlar.

Bu hareket ayrıca kişinin o bölgenin sahibi olduğuna dair bir alan işareti olarak da kullanılabilir. Şekil 6'daki adam aynı zamanda bacaklarını 4 şeklinde de kilitlemiştir, yani sadece kendini üstün hissetmekle kalmayıp aynı zamanda tartışmak istediğini de göstermektedir.

Meydana geldiği duruma bağlı olarak bu hareketle başa çıkmanın birkaç yolu vardır. Erkeğin üstün tavrının nedenini öğrenmek istiyorsanız avuçlarınızı hafifçe yukarı doğru kaldırarak öne eğilin ve, "Bu konuda bilgili olduğunu görüyorum. Yorumda bulunmak ister misin?" deyin. Ardından avuçlarınız, görünür şekilde tutarak geriye yaslanın ve cevap bekleyin. Başka bir yöntem de karşınızdakinin konumunu değiştirmeye zorlayarak tavrını da değiştirmesini sağlamaktır.

Bunu yapmak için yetişemeyeceği bir yere bir şey koyup "Bunu gördün mü?" diyerek onu öne eğilmeye zorlayabilirsiniz. Bu hareketle baş etmenin başka iyi bir yolu da taklit etmektir.

Karşınızdakiyle aynı fikirde olduğunuzu göstermek istiyorsanız yapabileceğiniz en iyi şey hareketlerini taklit etmektir.

Öte yandan eller başın arkasında hareketini yapan erkek sizi azarlıyorsa hareketini taklit ederek onu sözel olmayan yollarla tedirgin etmiş olursunuz. Bu hareketin kökeni çok açık olmasa da ellerin kişinin arkaya yaslanıp rahatladığı hayali bir koltuk gibi kullanıldığı düşünülebilir.

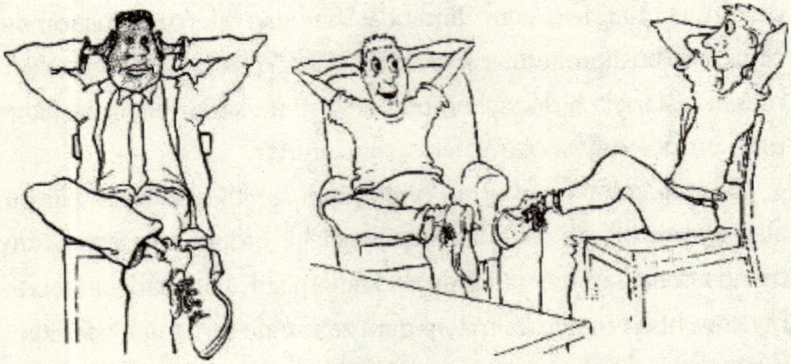

Şekil 6: "Belki bir gün benim kadar akıllı olabilirsin."

Şekil 7: "Ben de senin kadar akıllıyım!"

Saldırganlık Hareketleri

Aşağıdaki durumlarda hangi hareket kullanılır: ebeveynleriyle tartışan küçük çocuk, yarışın başlamasını bekleyen atlet ve kavga eden karı koca?

Bu durumların hepsinde de kişiyi saldırgan bir tavır belirtmek için kullanılan en yaygın hareketlerden biri olan eller kalçada pozunda görürüz. Bazı gözlemciler bu harekete "hazır olma" adını vermişlerdir. Bu da bazı bağlamlarda doğru olsa da temel anlamı saldırganlıktır. Bu duruşa, hedeflerini elde etmek üzere hazır durumdayken bu duruşu kullananlardan hareketle "iş bitirici" duruşu da denmektedir. Her iki durumda da kişi bir şey konusunda harekete geçmeye hazır olduğundan, bu gözlemler doğru olsa bile bu, saldırgan ve ileriye doğru bir hareket olarak kalır. Erkekler bu hareketi yaygın olarak kadınların yanında saldırgan, baskın bir erkek tavrı göstermek için yaparlar.

Kuşların da kavga veya flört durumunda daha iri görünmek için tüylerini kabarttıklarına dikkat çekmek isterim. İnsanlar da ellerini kalçalarına aynı amaçla, daha iri görünmek için koyarlar. Erkekler bunu bölgelerine giren diğer erkeklere karşı bir meydan okuma olarak kullanırlar.

Erkeğin tavrını doğru değerlendirebilmek için elleri kalçaya götürme hareketinden hemen önceki durum ve hareketleri de dikkate almak gerekir. Birkaç başka hareket de vardığınız sonucu destekleyebilir. Örneğin, saldırgan poza geçildiğinde ceketin önü açık ve ceket kalçalara doğru geriye itilmiş durumda mı yoksa önü ilikli mi? Ceketin önü kapalı olarak hazır olma saldırgan bir kızgınlığı gösterirken ceketin önü açık ve geriye itilmiş durumda (Şekil 8) kalp ve boğazı sözel olmayan bir korkusuzlukla sergilemek anlamına geldiğinden doğrudan saldırgan bir pozdur. Bu poz ayrıca ayakları yere düzgün bir aralıkla yerleştirerek veya hareket grubuna sıkılmış yumrukları ekleyerek güçlendirilebilir.

Saldırgan-hazır olma hareket grupları profesyonel modeller tarafından kıyafetlerinin modern, saldırgan, ileri düşünceli kadınlar için olduğu izlenimini vermek için kullanılır. Bazen bu hareket sadece tek el kalçada tutularak diğer elle farklı bir hareket yapılarak gösterilebilir (Şekil 9). Eleştirel değerlendirme hareketlerine de sık sık eller kalçada hareketiyle birlikte rastlanır.

Şekil 8: Eyleme hazır

Şekil 9: Kıyafetleri daha çekici göstermek için kullanılan ali kalçaya koyma hareketi

Şekil 10: Harekete hazır

Başlangıç Pozisyonu

Bir konuşma veya görüşmeyi sona erdirme arzusunu gösteren erkekte hazır olma hareketleri, her iki el de dizlerin üzerinde olarak öne eğilme (Şekil 11) veya her iki elle de sandalyeyi kavrama (Şekil 12) şeklindedir. Bir konuşma sırasında bu hareketlerden biriyle karşılaşmanız durumunda öncülüğü ele alıp konuşmayı sizin bitirmeniz daha akıllıca olabilir. Bu da psikolojik bir avantaj elde ederek kontrolü elinizde tutmanızı sağlar. Genelde erkekler kadınların konuşmalarından ya da taleplerinden rahatsız olduklarında salonda bu şekilde otururlar. Kadınların en rahatsız olduğu beden dillerinden. Çünkü bu beden dili kadına önemsenmediğini hissettirir.

Şekil 11: Bir görüşme veya konuşmayı sona erdirmeye hazır olma, eller dizlerde

Şekil 12: "Yerlerinize, hazır," sandalyeyi kavrayarak öne eğilmiş

Cinsel Saldırganlık

Kemer veya ceplere sokulmuş başparmaklar cinsel olarak saldırgan bir tavrı göstermek için kullanılan bir harekettir. Televizyondaki Western'lerde halka en sevdikleri silahşorun erkekliğini göstermek için kullanılan en yaygın hareketlerden biridir (Şekil 13). Kollar hazır olma konumuna geçer ve eller de genital bölgeyi vurgulayarak ana gösterge görevini yapar. Erkekler bu hareketi bölgelerini belirlemek veya diğer erkeklere korkmadıklarını göstermek için kullanırlar. Kadınların yanında kullanıldığında bu hareket, "Ben erkeğim, sana hükmedebilirim," anlamına gelir.

Büyümüş gözbebekleri ve ayaklardan birini dişiye çevirmeyle birlikte bu hareket çoğu kadının kolayca tespit edebileceği bir harekettir. İstemeden akıllarından geçeni kadınların anlamasına neden olan çoğu erkek için sözel olmayan yollarla kendilerini ele vermelerini sağlayan bir harekettir. Bu hareket grubu her zaman erkeklere özgü olmuş olsa da kadınların pantolon giymeleri onların da bu hareket grubunu kullanmaya başlamalarını sağlamıştır. Gene de kadınlar bu hareketi sadece pantolon giyerken yapmaktadırlar. Elbise veya benzeri kıyafetlerle cinsel olarak saldırgan kadın bir başparmağını kemer veya cebine sokar (Şekil 14).

Şekil 13: Kovboy duruşu

Şekil 14: Cinsel olarak saldırgan dişi

Erkek Erkeğe Saldırganlık

Şekil 15'te tipik eller kalçada ve başparmaklar kemerde hareketleriyle birbirlerini ölçüp biçen iki erkek görülmektedir. Her ikisinin de belli bir açıyla birbirlerinden uzağa dönük olması ve vücutlarının alt kısımlarının gevşek olması nedeniyle bu iki erkeğin farkında olmadan birbirlerini değerlendirmekte olduklarını ve saldırmalarının beklenmeyeceği sonucuna varmak hatalı olmaz.

Konuşmaları havadan sudan veya dostça olabilir ama eller kalçada hareketleri sona erip de eller açık hareketlere geçmeden tamamen rahat bir ortam olamayacaktır. Bu iki adam ayakları yere sımsıkı basarak doğrudan birbirlerine bakıyor olsalardı (Şekil 16) kavga çıkması pek muhtemel olurdu.

Şekil 15: Birbirini ölçüp biçme

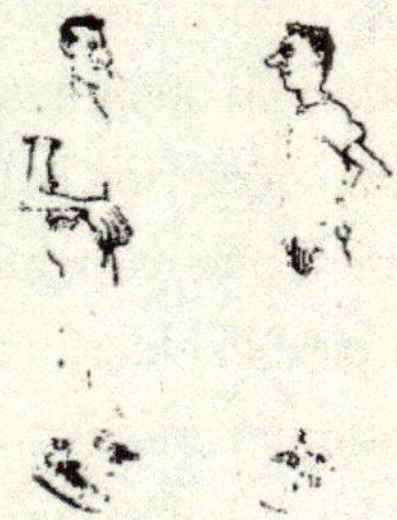

Şekil 16: Bela Geliyor

Gözbebekleri

Tarih boyunca göz ve insan davranışı üzerindeki etkileriyle uğraştık durduk. Hepimiz "Gözleriyle onu parçaladı", "Kocaman bebek gözleri var", "Gözlerini kaçırıp duruyor", "Çok davetkâr gözleri var", "Gözünde öyle bir pırıltı vardı" ya da "Bana en kötü bakışıyla baktı" gibi ifadeler kullanmışızdır. Bu gibi ifadeleri kullandığımızda farkında olmadan kişinin gözbebeklerinin büyüklüğünden ve bakışla ilgili davranışlarından bahsederiz.

Belli ışık durumlarında, kişinin ruh hali ve tavrı olumludan olumsuza veya olumsuzdan olumluya geçerken gözbebekleri küçülür veya büyür. Heyecanlanan birisinin gözbebekleri normal büyüklüklerinin dört katına çıkabilir. Tam tersine, kızgın, olumsuz bir ruh hali gözbebeklerinin "minik boncuk gözler" ya da "yılan gözleri" olarak bilinen şekilde küçülmesine yol açar. Flört sırasında gözler oldukça fazla kullanılır, kadınlar gözlerini vurgulamak için göz makyajı yaparlar. Bir kadın bir erkeği severse ona bakarken gözbebeklerini büyütecek ve erkek de farkında olmadan bu bilgiyi doğru yorumlayacaktır. Bu nedenle romantik buluşmalar gözbebeklerinin büyümesine neden olan loş yerlerde gerçekleşir. Birbirlerinin gözlerine bakan genç âşıklar farkında olmadan gözbebeklerinin büyüyüp büyümediğine bakmaktadırlar. Her biri diğerinin gözbebeklerinin büyümesinden heyecanlanır. Araştırmalar, kadın ve erkekleri cinsel pozisyonlarda gösteren pornografik filmler erkeklere gösterildiğinde gözbebeklerinin normal büyüklüklerinin üç katına kadar çıkabildiğini göstermiştir. Aynı filmler kadınlara gösterildiğinde gözbebeklerindeki büyüme erkeklerdekinden daha fazladır. Bu da kadınların pornografiden erkeklere göre daha az etkilendikleri iddiasıyla ilgili şüphelere neden olmaktadır.

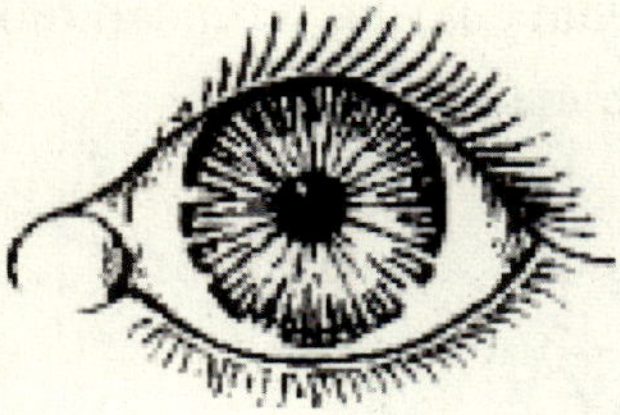

Şekil 17: Minik boncuk gözler

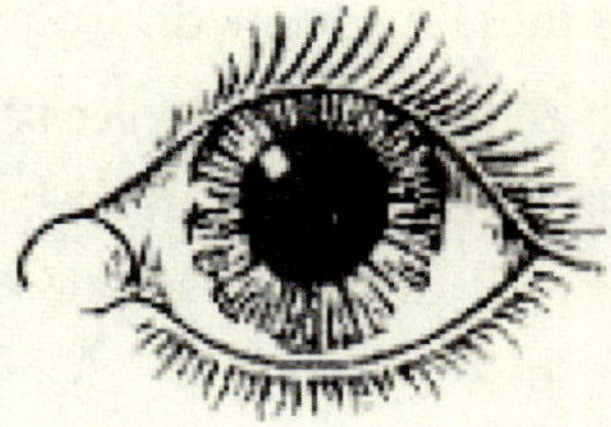

Şekil 18: Yatak odası gözleri

Bebekler ve çocukların gözbebekleri yetişkinlerinkinden daha büyüktür, yetişkinlerin yanındayken onlara olabildiğince çekici görünerek sürekli olarak dikkatlerini çekme çabasıyla gözbebekleri büyür.

Gözbebeği takibi fiyat pazarlığı sırasında alıcıların gözbebeği büyümesini izleyen eski Çinli mücevher tacirleri tarafından kullanılırdı. Yüzyıllar önce, fahişeler gözbebeklerini büyütüp daha arzulanır olabilmek için gözlerine dulavratotu losyonu damlatırlardı. Aristotle Onassis'in düşüncelerinin gözlerinden okunmaması için iş görüşmeleri sırasında koyu renk gözlük taktığı bilinirdi.

Erkek Kadınla Arasına Mesafe Koymak İsterse

Sevgili kadınlar eşiniz ya da partneriniz eğer sizinle kendi arasına mesafe koymuşsa ya da bir olay yüzünden sizinle ciddi bir konuşma yapacaksa bu bakışı kullanırlar. Erkekler eşlerine sürekli bu bakışla iletişim kurarlarsa zamanla kadınla arasına duvar örmeye başlarlar. Ben bu bakışı ergen babalarında da çocuklarına karşı gözlemleyebiliyorum.

Erkekler, sizin gözlerinizle alın bölgenize bakarlarsa bilin ki araya mesafe koyuluyor. Çoğu kadın bu bakış türünden rahatsız olur. Genelde kadınlar, "Bakma bana öyle," derler.

Şekil 19: Mesafe koyan erkek bakışı

Erkek İletişim Kuruyor, Hayret:)

Eğer erkek, konuşurken kadının gözleriyle dudakları arasına bakıyorsa etkili bir iletişim kurmak istiyordur. Bu bakış kadınları ve diğer insanları rahatlatır.

Şekil 20: Erkeğin iletişim bakışı

Yan Bakış

Yan bakış ilgi veya saldırganlık iletmekte kullanılır. Hafif kalkmış kaşlar ve bir gülümsemeyle birlikteyse ilgi anlamına gelip flört işareti olarak yaygın şekilde kullanılır. Aşağıya dönük kaşlar, çatık alın veya aşağıya dönük ağız köşeleriyle birlikte şüpheli, saldırgan veya eleştirel bir tavır anlamına gelir.

Mahrem Bakış

Bakış gözlere ve çenenin altından kişinin vücudunun diğer bölgelerine doğrudur. Yakın karşılaşmalarda gözler ve göğüs ya da memeler arasındaki üçgen, daha uzak karşılaşmalarda ise gözlerle apış arası arasındaki üçgendir. Kadın ve erkekler bu bakışı birbirleriyle ilgilendiklerini göstermek için kullanırlar ve ilgi karşılıklıysa aynı bakışlarla cevap verilir.

Şekil 21: Mahrem bakış

Gözle Dışarıda Bırakma

Karşılaştığımız en sinir bozucu erkeklerden bazıları konuşurken gözle dışarıda bırakma hareketini kullananlardır. Bu hareket bilinçsizce yapılır ve o kişinin sizden sıkılması veya artık ilgilenmemesi ya da kendini sizden üstün görmesi nedeniyle sizi görmemeye çalışmasından oluşur.

Bir erkek üstün olduğunu düşünüyorsa gözle dışarıda bırakma hareketini yaygın olarak "burnunun üzerinden bakmak" olarak bilinen kafayı geriye atarak size uzun bir bakış atma hareketiyle birlikte yapar. Konuşma sırasında bir gözle dışarıda bırakma hareketiyle karşılaşırsanız bu kullandığınız yaklaşımın olumsuz bir tepkiye yol açıyor olabileceği ve etkin bir iletişimi için yeni bir taktik gerektiği anlamına gelir (Şekil 22).

Şekil 22: Kadını dışarıda bırakma

Kadın Flört Hareketleri

Kadınlar da erkekler gibi saça dokunma, giysileri düzeltme, bir veya iki ellerini birden kalçalarına koyma, ayak ve vücudun erkeğe çevrilmesi, daha uzun mahrem bakışlar ve artan göz teması gibi aynı temel hazırlık hareketlerini kullanırlar. Ayrıca erkek saldırganlık hareketi olmasına rağmen bir dişi inceliğiyle kullanılan ve sadece tek başparmağın kemere sokulduğu veya bir çanta veya cepten dışarı çıktığı başparmaklar kemerde hareketini yaparlar.

Şekil 23: Sigara satmakta kullanılan flört hareket grubu

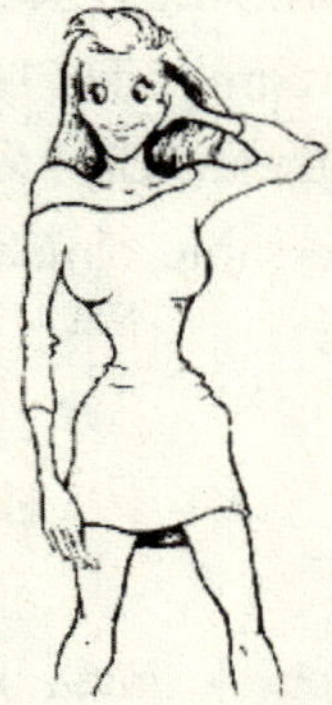

Şekil 24: Kadın hazırlık hareketleri

Heyecan dolu bir ilgi kadınlarda da gözbebeklerinin büyümesine ve yanakların kızarmasına yol açar. Bunun ardından diğer dişi flört sinyalleri gelir.

Saç Atma

Baş hafifçe savrularak saçlar omuzlardan geriye veya yüzden uzağa atılır. Kısa saçlı kadınların bile bu hareketi yaptıkları görülebilir.

Bilek Gösterme

İlgilenen bir dişi potansiyel erkek eşine bileklerinin iç tarafındaki düzgün yumuşak teni gösterecektir. Bilek bölgesi uzun zamandır vücudun en erotik yerlerinden biri olarak kabul edilmektedir. Konuşurken avuçlar da erkeğe gösterilir. Sigara içen kadınlar bu tahrik edici bilek/avuç göstermeyi sigara içerken çok kolay yaparlar. Bilek gösterme ve saç atma hareketleri dişi bir görünüme sahip olmak isteyen eşcinsel erkekler tarafından da taklit edilir.

Bacak Açma

Bacaklar erkek orada olmasaydı açılacaklarından daha fazla açılırlar. Bu hareket kadın oturur pozisyonda da olsa ayakta da olsa, sürekli olarak bacaklarını çapraz ve bitişik tutan cinsel olarak savunmaya geçmiş kadınla tezat oluşturur.

Kalça Yuvarlama

Pelvik bölgeyi vurgulayacak şekilde yürürken kalçaların rolü önem kazanır. Aşağıda verilen daha rafine dişi flört hareketlerinden bazıları yüzyıllardır mal ve hizmetleri satmak için yapılan reklamlarda kullanılmaktadır.

Yan Bakış

Göz kapakları kısmen düşük olarak kadın erkeğin bakışına erkek fark edene kadar karşılık verir, ardından hemen bakışlarını kaçırır. Bu tahrik edici bir gözetlenme ve gözetleme hissi uyandırır ve çoğu normal erkeği ateşlendirmek için yeterlidir.

Ağız Hafif Aralık, Islak Dudaklar

Bu hareket dişi genital bölgesini simgelemek amacını güttüğünden Dr. Desmond Morris bunu "kendi kendini taklit" olarak tanımlar. Dudaklar yalanarak veya kozmetiklerle ıslak gösterilir. Her iki durumda da kadının cinsel bir davette bulunduğu izlenimini uyandırır.

Ruj

Bir kadın cinsel olarak uyarıldığında dudakları, memeleri ve cinsel organları kanla dolarak daha büyük ve daha kırmızı olurlar. Ruj da binlerce yıldır kullanılan ve cinsel olarak uyarılmış dişinin kızarmış cinsel organını taklit etmeyi amaçlayan bir tekniktir.

Kalkık Omuz Üzerinden Yana Bakma

Bu da yuvarlanmış kadın göğüslerinin taklit edilmesidir. Şekil 23'te de büyümüş gözbebekleri, saç atma, bilek gösterme, yan bakış, isleyerek uzun uzun bakma, ıslak dudaklar, yukarıda tutulan baş ve silindir şeklinde bir nesneyi elleme gibi hareketleri kullanarak belli bir sigara markası için arzu uyandırmaya çalışmaktadır.

Bacak Atma Hareketleri

Erkekler genellikle bacakları açık ve saldırgan bir şekilde apış aralarını sergileyerek otururlarken, kadınlar bacak bacak üstüne atmayı hassas jenital bölgeleri için bir koruma olarak kullanırlar. Kadınlar flört ettiklerini göstermek için üç temel pozisyonu kullanırlar.

Şekil 25: Dizle gösterme

Şekil 26: Ayakkabı yeterli ipucu sağlar

Şekil 27: Bacak dolama

Dizle göstermede (Şekil 25) bir bacak öbürünün altına toplanırken ilginç bulduğu kişiyi gösterir. Bu çok rahat bir pozisyon olup konuşmanın resmiyetini ortadan kaldırır ve uylukları sergiler.

Ayakkabıyla oynama (Şekil 26) da rahat bir tavrı gösterir ve bazı erkekleri çıldırtabilen bir şekilde ayağın ayakkabıya sokup çıkarılması gibi baştan çıkartıcı bir etkiye sahiptir.

Çoğu erkek bacak dolamanın (Şekil 27) bir kadının yapabileceği en çekici oturuş pozisyonu olduğunu düşünür. Bu kadınların dikkat çekmek için bilinçli olarak kullandıkları bir harekettir. Dr. Sheflen bir bacağın diğerine daha önce de belirtildiği gibi, kişi cinsel performansa hazır olduğunda vücutta görülen durumlardan biri olan yüksek kas tonu görünümü vermek üzere bastırılır.

Kadınlar tarafından kullanılan diğer işaretler arasında bacakların erkeğin karşısında yavaşça kavuşturulup ayrılması ve dokunulma arzusunu gösterircesine eliyle uyluklarını hafifçe okşamak sayılabilir. Genellikle buna alçak sesle konuşmak eşlik eder.

Renklere Göre Kadınlar ve Erkekler

BEYAZ

Kadınlar

İlk tercihi beyaz olan kadın, isteyerek veya istemeyerek kalbinin saf ve temiz duygularla yüklü olduğunu ortaya koyuyor demektir. Nezaket kurallarına uyabilen, yumuşak, beraberinde de alçakgönüllü biri olmanın yanında, asil olmak ve iyilik de onun meziyetleri arasında sayılabilir. Gösterişli ve gürültü patırtılı, neşeli bir yaşam onun için hiç de cazip değildir. Evi onun her şeyidir, başka insanlara yardım etmek de hedefidir. Neşeli olabilir ancak genel olarak sakin ve sessiz bir yapıdadır. Yaratılış gereği düzenli olması, elinin her işe yatkın olması ve becerileri onun diğer özellikleridir. İtinalı ve pozitif düşünce tarzı, onu zaman içinde sert ve acımasız birisi yapsa dahi, adaletli ve doğru insan olması başkalarına karşı dürüst davranmasını sağlamaktadır.

Erkekler

Beyaz seven bir erkek ise asla korkak ve çekingen bir yapıda olamaz. Tersine zalim ve soğukkanlı bile olabilirler. Heyecanını dışarı yansıtmayan, sabit ve sakin yapılı bir insan kimliği çizerler, onların yaşamında telaş olmadığı gibi bir de, düzenli, aşırı derecede titizdirler. Pratiğe önem verirler, güçlü bir hafızaları olması için ise hiçbir çaba göstermezler. Sabırlı, enerjik ve aşırı güven duygularına sahiptirler. Sağlam yapılı vücutları, sır dolu ikilemli de bir kişilikleri vardır. Bir de cömert ve kişilere yardımda atılgan olmak için hiçbir zaman çekinmezler.

SARI

Kadınlar

Sarı rengin parlak ancak koyu ton olanını seven kadın, dedikoduya meyillidir. Çok sınırlı konuları olmasına karşı, durmaksızın konuşmayı çok severler. Davranış, hareketlilik bakımından da durağan bir tablo sergilerler. Yüzleri boş ve manasız baktığı zaman bilesiniz ki, konuşulan konu ağır, onlar bakımından oldukça yüksektir. Ancak konu hafifleyip de dedikodu safhasına girdiği zaman, işte onları o an tutamazsınız. Sarıyı seven bu kadınlar özünde negatif kimseler değillerdir. Ama, herkesle en ince detayına kadar alakadar olmaları, her şeyi bilmek istemeleri bu kişileri çekilmez kılmaktadır. Cömert olamamalarına karşın, şayet pozitif bir günlerinde iseler herkese yardım edebilirler.

Erkekler

Bir erkeğin önüne pek çok renk koyup da seç dediğinizde, şayet sarı rengi seçerse, o erkek bilmeyerek de olsa biraz korkaklığını ortaya koyuyor demektir. Ama onu korkutan manevi anlamda korkular değil, maddesel anlamdaki korkulardır. Düşüncelerini dobra dobra söylerler, karşıt düşüncelerden de zerre kadar çekinmezler. Herkesin kendisine merakla bakmasından hoşlanan yapısı sebebiyle ara sıra, rengârenk kıyafetler de giyebilirler. Kendi ile alakalı konularda büyük övünç duyarlar, sözleri ara sıra abartı noktasına varmaktadır. İnsanlarla iyi geçinen bir yapısı olmasıa rağmen kadın arkadaşları azınlıktadır.

TURUNCU

Kadınlar

Sıcakkanlı, iyi kalpli, dost bir insan istiyor iseniz, turuncu ve bu rengin tonlarını seven bir kadın olukça idealdir. Soğukluk, sertlik onların kitabında yok gibi bir şeydir. İnsanlara göstermiş oldukları ilgi daima dengeli ve sevecendirler. Ne uzak-soğuk dururlar ne de çok samimi-laubali olurlar. Tam olarak orta kararın aşırılıktan çok daha iyi olduğunu savunurlar. Kendisine bir zarar verildiği takdirde bağışlayıcıdır, asla kindar olmayan, kızdıklarında kesinlikle bağırıp çağırmayan tiplerdir. Ancak onun bu hali kimseyi yanıltmamalıdır, tepesine çıkılmak istendiğinde de kuvvetli, sağlam karakterleri neticesinde bu duruma hiçbir şekilde tolerans göstermezler. Bu kişinin en büyük meziyetlerinden biri de, hakkını savunmalarıdır; bunu karşısındakini kırmadan, üzmeden yapmasını çok iyi bilirler.

Erkekler

Turuncu rengi seven erkekler ise de aynı turuncu seven kadınlarda olduğu gibi dengeli ve ılımlıdırlar. Anlayış gücü, sabır gücü, sevecenlik, dayanma gücü onlarda da vardır. Hoşlarına gitmeyen bir şeylere ise asla müsaade etmezler. Böyle bir kişi orta yaş grubunda ise, bütün çocukların sevdiği, saydığı bir baba, bir dost olurlar. Alçakgönüllü ve sevecen kişilikleri sebebiyle çocukların yapmalarına müsaade edilmeyen şeylere izin verebilirler. Ama hiçbir an için de çocuklarının şımarmasına izin vermezler. Kavgalar, tartışmalar onların barış sever karakterleriyle hiç bağdaşmadığından bu gibi durumlardan daima kaçarlar.

PEMBE

Kadınlar

Ahenkli, neşeli kadınların rengidir pembe. Yürek kıpırtıları sanki uçar gibi olan, mutlu kişilerdir onlar. Ancak, asla aşırılıkları, hafif davranışları yoktur. Gereken durumlarda ise ciddi, ağırbaşlı, sorumluluklarının bilincinde olabilirler. Hayatın, pek çok ağır konu ve gerçeklerden oluştuğunu bilirler ve sadece neşe için yaşamamayı öğrenmiş bir ruh halleri vardır. Utanma hisleri, çekingenliklerini saklamasını becerdikleri gibi, bunu çok nadir olarak dışa vururlar; coşkulu, ateşli, fırtınalı yaşamaktan oldukça çok uzaktırlar.

Erkekler

Pembe rengi tercih eden erkekler maddi ve manevi anlamda yapıları çok güçlü olamayan kişilerdir. Onlarda cesaret, atılımcılık aramamalısınız. Yavaşlıkları onları uysal yapmıştır, konuşmaları da bu doğrultudadır. Bitmek bilmeyen, devamlılık arz eden bir sinir, heyecan durumu içersindedirler. Alınganlık, hassasiyet durumları da bu sebeptendir. Ancak insanlara olan sevgisi en üst düzeydedir. Onlar için dost kazanma, çevrelerinkileri memnun etme en baş görevdir. Tartışmaların dozu arttıkça oradan kaçmak için yol bulamazsa, her söylenileni yapması kaçınılmazdır. Ancak bütün bunları da yaparken, etrafın huzurunu kendilerininkinden daha çok düşünürler.

KIRMIZI

Kadınlar

Tüm renklerin içinde en çok ilgi uyandıran bu rengi seven kadınlar, neşeli, yaşam dolu, hayattan zevk almasını bilen kariyer sahibi kişilerdir. Dengesizdirler de bazı zamanlar. Hemen heyecana kapılırlar, çabuk öfkelenirler. Amatörce de olsa dans etmekten, şarkı söylemekten hoşlanırlar, bundan zevk alabilirler. Asla somurtkan, durağan bir durumda olamazlar. Etrafları onlar açısından önemli değildir. Her kim ne düşünürse düşünsün umurlarında olmaz, kendi yaşamlarının arkasında durarak, "Bu benim yaşantım, size ne oluyor," der gibi bir ifade ile kendilerini anlatırlar.

Erkekler

Korkusu asla olmayan, cesur, sosyal olan bu kişiler, tam bir erkek sembolüdür. Onlara kabadayı bile dersek abartmamış oluruz. Tehlike sinyali onlar için günlük, olağan davranışlardandır. Gülmek istedikleri durumlarda bile tehlikeye girerek gülerler. Daima kendi bildikleri en doğru olduğu için, toplum âdetleri onları asla ilgilendirmemektedir. Şaşırtıcı işler yapmak konusunda da üstlerine yoktur, küçük ya da büyük olmaları onların havai olmalarının önüne kesinlikle geçemez. Bu onların yaramazlıklarla dolu olan dünyalarının bir parçasıdır. Gene de onlar çevrelerinin tanınan rengidir, ne onlarla ne de onlarsız bir çevre zor düşünülür diyebiliriz.

KAHVERENGİ

Kadınlar

Kahverengi seven kadınların çok geniş hayal güçlerinin olduğu söylenmemektedir. Ancak yöntemlidirler, ani duygusallıklar, parlak zekâ işaretleri onlarda pek de mevcut değildir. Bu kişiler için reel olan sakinlik, kendi halinde olmak, bunların yanında sessiz sedasız olmaktır. Olağanüstü eylemlerde bulunmadıklarından, çok fazla göze çarpmazlar, gözleri de rahatsız etmezler. Bu rengi seven kadınlar ev işlerinde çok başarılı olurlar, ev işlerini büyük bir zevkle yaparlar. Onların kitabında düzensiz olmak, rasgele bir iş yapmak yoktur. Sistem ve programdır bütün yaşamları. Bu sebepten de sistematik bir çalışma düzenleri mevcuttur. Çevresinde olanların kusurlarına hoşgörülüdürler. Yalanı sevmezler, hatta iyi bir şey için beyaz yalan bile söylemezler. Dinsel tarafları, inançları da güçlüdür.

Erkekler

Orijinal olmaktan yoksun olan insanlar genellikle bu rengi seven erkeklerdir. Anlayış seviyeleri geniştir, iyi beyinleri vardır, izleme güdüleri ise son derece gelişmiştir. En belirgin özellikleri sadelik yanlısı olmalarıdır, nefret ettikleri en önemli değer, darbedir. Abartılı şeylerden, gösterişten hiç hoşlanmazlar. Küçük şeyler onları tatmin edebildiğinden çok para harcamazlar. Az harcama, çok tasarruf onları son derece mutlu eder, cimrilik derecesinde olduğu söylenebilir. Hırslı olmaları, alakasızlık, alışkanlıklardan doğabilecek kaosları ortadan kaldırmaktadır. Engeller, bütün zorluklar onları asla yıldıramaz.

YEŞİL

Kadınlar

İğneleyici cevapları seven, alaycı, hazırcevap insanlardır. Özellikleri de kıvrak zekâlı olmalarıdır. Bu rengi seven kadınların, yaşamda başarılı olamayanları genel olarak, alaycı, pısırık, fesat duygular taşırlar. Çoğu zaman alaycı bir üsluba ve espri savurganlığına sahiptirler. Bu nedenle ağız dalaşında onlarla baş edebileceğinizi hiç düşünmemelisiniz. Yeşil rengi seven kadınının beyni de daimi olarak iyi bir şekilde işlemektedir. Etraflarına karşı duyarlı olmaları, olanı biteni anlamalarına oldukça yardımcı olur. Ancak beyinleri hareketlidir, bedenleri değil. Bazıları vardır ki, onlar tam anlamıyla tembel sınıfına girerler. Çoğunda sabırsızlık mevcuttur, uzun, yorucu işler onların ilgisinde değildir, insanı yarı yolda bırakırlar.

Erkekler

Yeşil huzursuz, düşüncesiz erkeklerin sevdiği bir renktir. İyi kalplidirler, istemeden de olsa ara sıra kalp kırabilirler. Para pul onlar bakımından önemli değildir, bu yüzden ellerindeki paranın en azından yarısını dağıtırlar. Ama, çoğu anda ceplerinde dağıtacak kadar para olmaz, adeta nerede akşam orada sabah diyen tiplerdendir. Her şey onları mutlu edebilir, başkalarına da çok fazla güven duyarlar. Eğlence hayatı, zevk onların sembolleridir. Eğlenemedikleri günlerin kaygısına düşerler, yeşil rengi seven kadınlar gibi onlar da esprili, sohbetleri dinlenen kişilerdir. Kendisini dinleyen birilerini buldukları zaman uzun uzun anlatmaktan hiç kaçınmazlar. Bunun nedeni ise, güzel konuşma gibi bir meziyete sahip olduklarını bilmeleridir. Bunun yanında sorumluluk sahibi olma duygusundan uzaktırlar. Ancak her şeye rağmen sevimli insanlardır, geçinmesi kolay, karşısındaki kişiyi mutlu eden bir karakterleri vardır.

MAVİ

Kadınlar

Mavi rengi tercih eden kadınlar son derece derin duygulara sahiptirler. Bir şeye sevinmeye görsünler, onu abartarak en üst noktaya çıkarırlar, üzüntülerini de aynı bu şekilde gösterirler. Duygusal alanda da iniş çıkışları ani, hızlı olur, tıpkı sevinç ve üzüntüde olduğu gibi, bir an neşeli iken hemen akabinde üzüntünün kollarına kendilerini atıverirler, bu duygu kontrolsüzlüğünden doğan ahenksizlik onları şaşkına çevirir. Kendilerini hiçbir an tam olarak anlayamadıklarından da hiçbir zaman kendilerinden emin değildirler. Ve her an, "Bana neler oluyor böyle," dediğini duyar gibi olursunuz. Daimi olarak korkuları vardır, her türlü telkin ve tedavilere rağmen o korkuları ile yaşamayı tercih ederler. Korkunun temel kaynağı da kendisidir, o bunu bilerek korkar. Derin acı, yoğun düşünceler, onların sıklıkla dalıp gitmelerine neden olur. Çevrelerine karşı ise sevgi dolu ve cömerttirler. Çevreleri onlar için oldukça önemlidir, nedeni ise kendisinden kaynaklanan şikâyetleri devamlı olarak çevresine aktararak teselli bulmalarıdır. Bu hal kimseyi gücendirmez, tersine o kişinin samimi biri olduğuna inanırlar, ona saygı gösterirler.

Erkekler

Mavi rengi seven erkekler, kadınlarına nazaran çok daha sakin ve dengeli olurlar. Çalışıp, yaşamlarını kazanmak zorunda olduklarının farkındadırlar. Onların iş hayatlarında fırtına estiren duygusallıklara da yer yoktur. Mavi rengi seven erkekler iş yaşamlarında duygularına duvar çekerler. Yöntemi değil, içlerinin sesini dinleyerek çalışmayı tercih ederler. Bu sebepten de yönteme dayanan işlerde başarı gösteremezler, ancak sisteme dayanmayan işlerde hep bir numaradırlar. Günlük hayatlarındaki değişiklikler onlar için olağan bir durumdur. Bu sebepten masa başı gibi durağan işler onlara göre değildir, aktive olmuş hallerini oturdukları yerden değil de, hareket halindeyken sergilemek isterler.

MOR

Kadınlar

Bu rengi tercih eden kadınlar lüks düşkünüdürler. Tarihe bile dönüp bir bakacak olursak; sosyeteye, saray erkânına mensup kadınların ilk renk tercihleri hep mor renk olmuştur. Bu bir abartı değil, tamamen gerçektir. Mor rengi seven kadınlar içinde saltanat, lüks, zarafet, rahat bir yaşam, ün, mevki sevmeyen çok azdır. Tüm bunlara rağmen çalışmak için de hiçbir çaba göstermezler. Bazı şeyleri daima başkalarından beklerler, kısaca, "Armut piş ağzıma düş," derler. Bu gibi beklentilerin ardının arkasının gelmediğini bildiklerinden, hiçbir zaman doymak bilmezler. Onların bazı ihtiyaçlarını karşılayanların kıymetini bilmezler, daima onlara yeni istekler için sürekli manevi baskıda bulunurlar. Kendilerini rahat hissetmeleri için de sürekli iltifat etmek gerekir; bu onların hava, su gibi bir ihtiyaçlarıdır.

Erkekler

Mor rengi seçen erkeklerde mor kadınlarından farklı değildir. Pahalı eşyalar, lüks onların yaşam felsefesidir, üstelik bu konuda çok da abartılıdırlar. Öyle herkesle dost olmazlar. Onların birisiyle dost olabilmeleri, o kişinin mevkisine, parasal durumuna bağlıdır. Ancak bu, hiçbir zaman onları servet avcısı yapmaz. Onlar bu davranışları kendilerine menfaat sağlamak için değil, egolarını, aristokrat düşüncelerini tatmin için yaparlar. Bu sebepten de demokrasi diye bir kavramları yoktur. İşe soyundukları an, çok dikkatli ve ağır hareket ederler. Bu onların hata yüzdesini düşürür, ancak bu durum her an böyle değildir, gereken yerde, zamanda hızlı olmayı da pekâlâ becerebilirler.

GRİ

Kadınlar

Gri, beceri ve sessizliğin adıdır, bu rengi seven kadınlar, iş hayatında başarılı olurlar. Başka insanlar tarafından itici, soğuk olarak isimlendirilseler de içlerinden sadece bir kısmı bu sınıfa girer. İçlerindekini dışa vuramadıklarından böyle bir duygu uyandırırlar. Bu kişilere sorarsanız da duyguları olur olmaz dışa vurmak gereksizdir ve hiç hoş değildir. Tarafsız davranmaktan hoşlanırlar, bundan da son derece gurur duyarlar. Kimileri ise duygularını içlerine hapsederler, ancak duygularını nasıl dile getirip, hayata geçireceklerini bilmezler. Her konuda iyi bir uzman olabilirler. Ancak bu kendi tercih ettikleri konular söz konusu olduğunda böyledir. Ve o alanlarının dışında başka bir alana ilgi duymazlar. Düşünce yapılarında mükemmellik, zekâlarıyla bütünleşir. Hane içinde sıradan bir ev kadını olmak hiç tarzları değildir. Bu yüzden de iş yaşamına girerler, burda bütün yeteneklerini ortaya sererler.

Erkekler

Gri, zekâ seviyesi yüksek, işler durumda olan kuvvetli erkeklerin rengidir. Ancak el becerileri de yok denecek kadar azdır, en ufak bir el becerisi isteyen işi yapmak, bu kişiler için büyük başarı olarak nitelendirilebilir. Ancak bu işleri yapacak birileri vardır, onlar da buna çok güvenirler, bu onların onurunu biraz kırar ancak, kendileri yapmasın da! Zaten onlar beyin, zekâ adamıdırlar, elbette yapacak bir işleri vardır. Bu konuda son derece güven duyarlar, bunda da çok haklıdırlar, kusur ve yeteneklerini iyi bilirler.

SİYAH

Kadınlar

Siyah renk seven kadın, hüznün ve kederin kadınıdır. Yaşam serüvenleri, hayal kırıklıkları ve aldanmalarla geçer. Çevreden yaşam dolu, neşeli görülseler de somurttukları günler boyunca hayalet gibi gezdikleri de olmaktadır. Bu aslında içlerindeki gerçeklerin bir biçimde dışa vuruş şeklidir, nedeni ise o dışa vuran tarafın, onların gerçek yüzleri olmasıdır. Bu kadınların kimi de sert ve soğuk olurlar. Siyah rengin parlak, gösterişli olanını seçen kadınlar ise, öbürlerine hiç benzemezler; neşeli, mutlu, huzurdan hoşlanan, keyif alan kişilerdir.

Erkekler

Siyah renk seven erkekler, özgür fikirli ve düşünceli insanlardır, aynı zamanda sert kişiliklidirler. Yaşamdan zevk almayı bilmezler, böyle bir zevk alma durumu onlar için günah sayılır, soğuk kalmayı tercih ederler. Ancak başkalarının yaşamı söz konusu olduğunda karışmadan duramazlar. Tepede olduklarında herkesin hayatını kontrol etmek gibi bir dürtüleri ortaya çıkar, durmadan öğüt verirler. Bunu da iyi niyetle yaparlar, ancak çevreleri bunu asla anlayamaz, bu yüzden de negatiftirler, bu hayat, gelecek hayatların bir hazırlık dönemi niteliğindedir.

Fizyognomi (Yüz Okuma)

"Fizyognomi" terimi, Yunanca doğa anlamına gelen *physis* ve yorum anlamına gelen *gnomon* kelimelerinin birleşimidir. Giovanni Battista Della Porta'ya (1535-1615) göre *gnomon*, aynı zamanda yasa, kural anlamına gelmektedir, yani fizyognomi "doğa yasası" demektir.

Araştırmalarımı yaparken Aristo'nun bu konuyla ilgili analizleri beni gerçekten çok etkilemişti. Uzun zaman gerçek olup olmadıkları üzerine kafa yordum. Yurtiçinden ve yurtdışından tanıdığım bilim insanları ile bu konuda sohbet ettim ve yazıştım. Onlara da sordum. Vardığım sonuç: Dünyanın bazı yerlerinde bu bilgiler kabul görüyor; birçok iletişim uzmanı insan analizi ve şirket eğitimlerinde, birçok terapist ise kendi özel çalışmalarında bunları kullanırken, birçok ülke de de bilimsel temeli olmadığı söyleniyor.

Fizyognomi, sistemli bir şekilde ilk kez Çin'de gelişmiştir. Çinliler, insanların yüz biçimlerine göre insanların karakter özelliklerini okuma yöntemini kullanmışlardır. Aslında her bir yüz şekli kendi zihnimizde kodludur. Birçok önyargıya, birçok gerçeğe de bu kodlar sayesinde ulaşmışızdır. Sizler bir insanın yüzüne bakıp az ya da çok onunla ilgili hislere sahip olmadınız mı? Kesinlikle olmuşsunuzdur. Belki mimiklerinden, belki yüz hatlarından öyle değil mi? İnsanın insanı arayışı ve keşfetme isteği yüzyıllardır devam ediyor. Biteceğe de benzemiyor. Çünkü her yüzyıl yeni yeni bilgilere sahip oluyoruz. Ben psikoloji biliminde yüzde yüz gerçek olduğuna ve her şeyi bildiklerine inanmıyorum. İnsanı araştıran insan olduğu sürece ne kadar objektif olunabilecek bilemiyorum. Geldiğimiz noktaya bakarsanız gerçekten güzel ve etkili yol alıyoruz. Şu an bile birçok terapist farklı yüzlere sahip insan fotoğrafları göstererek danışanları hakkında bilinçdışı testler yapıyor. Araştırmaları ve farklı yaklaşımları severim, bunun insanı bir şekilde gerçeğe götüreceğine inanıyorum. Gerçek nedir derseniz, gerçek herkesin kendince inandıklarıdır. Gelelim yüz okumaya ve bu konuda ilk araştırmaları yapan Çinlilere.

Eski Çin yüz okuma uzmanlarına göre, yüzü oluşturan unsurlardan beşi çok önemlidir. Bunlar kaşlar, gözler, ağız, burun ve kulaklardır.

Çok eski dönemlerden başlayarak günümüze kadar bilim adamları ve uzmanlar yüz yapısı ile insanın karakter özellikleri arasında bir ilişki kurmaya çalışmışlardır.

Fizyognomi (yüz okuma) insanı tanımaya yönelik, kişiye karşısındakiyle ilgili ipuçları vermeyi sağlayan bir araçtır. Birçok kurumda birçok nedenle kullanılmaktadır. Emniyet, FBI, MİT, psikoloji vb. birçok yerde başvurulan bir sistemdir. Yüzde yüz olmasa da bilgi verdiğine inanmaktayım.

Aristo'nun Fizyognomiye İlişkin Görüşleri

Aristo, fizyognamiyi kişilerin ruh halini öğrenmek için kullanırken, Hipokrat bu usulle hastalara teşhis koymuştur. Hipokrat'ın hayatını okuduğumda da çok şaşırmıştım. Kendi yüzyılında yaptıkları ve verdiği mücadeleler takdire şayan. O yüzyıldan bu yüzyıla ne kadar ilerledik tam bilmiyorum ama çoğu bilgi için o yüzyıla geri dönmeye başladığımızı biliyorum.

Aristo'ya göre, insanların yüzleri belli bir hayvana benzer. İnsanın beden ve yüz yapısının belli bir hayvana benzemesi, onun karakter özelliklerini ortaya koymaktadır. İnsanın yüz yapısı, gözleri, alnı, kafa yapısı, derisinin rengi, saçının rengi, gözünün rengi, bedenin tüy örtüsü, sesinin tonu, yürüyüşü, beden hareketleri, bakışları, boyu ile ilgili karakter özelliklerini hayvanlardaki benzer özelliklerle kıyaslamaktadır. Şaşırtıcı ama bu Aristo'nun gerçeği. Şimdi aklınıza geliyordur biz de birçok kitapta, dergide, internette hayvanlarla ilgili testler yapmışızdır.

Dudaklar

Dudakları ince ve ağız kenarları, dudaklar ileri uzandığında üst dudağın alttakinin üzerine çıkacak şekilde gevşek olan insanlar alçakgönüllüdürler. Bu aslan tipine uygundur. Dudakları ince, sert ve köpek dişleri hizasında yukarıya doğru çekilmiş olan insanlar bayağıdırlar. Bu domuz tipine uygundur. Dudakları kalın ve üst dudak alttakinin üzerine çıkan insanlar mantıklarını çok kullanmazlar. Bu eşek ve maymun tipidir. Üst dudağı ve üst damağı çıkan insanlar huysuz ve kavgacıdırlar. Bu köpek tipine uygundur.

Burun

Burun deliklerinin duvarları kalın olan insanlar iyi kalplidirler. Bu öküz tipine uygundur. Burun deliklerinin duvarları ince olan insanlar hırçın bir yapıya ve karaktere sahiptirler, bu köpek tipine uygundur. Burun delikleri dairesel olan insanlar alçakgönüllüdürler. Bu durum aslanlarla benzerlik oluşturmaktadır. Burnu ensiz olan insanlar (sivri burunlular) kuşlara benzemektedirler. Burnunun ucu enli olan insanlar mantıksız hareket ederler. Bu domuzlara karşılık gelmektedir. Direkt alından başlayan gaga burunlu insanlar arsızdırlar; bu, karga tipine karşılık gelmektedir. Alından keskin bir şekilde ayrılan gaga burunlu insanlar alçakgönüllüdürler. Bu kartal tipine karşılık gelmektedir. Burnun alınla birleştiği yerde çökük, burun kavisi yukarıya doğru olan insanlar şehvetli ve ihtiraslıdırlar. Bu horoz tipine karşılık gelmektedir. Düz ve kalkık burunlu insanlar şehvetli ve ihtiraslıdırlar, bu geyik tipine karşılık gelmektedir. Burun delikleri geniş olan insanlar sinirlidirler. Bilindiği gibi bu durum sinirlilik halinde ortaya çıkmaktadır.

Yüz Yapısı

Yüzü enli ve etli olan insanlar iyi kalplidirler, bu öküz tipine karşılık gelmektedir. Kemikli yüze sahip olan insanlar tedbirli, etli olan insanlar ise korkaktırlar. Bunlar sırasıyla eşek ve geyik tiplerine karşılık gelmektedir. Küçük yüzlü insanlar cesaretsiz ve iradesizdirler, bu kedi ve maymun tipine karşılık gelmektedir. Büyük yüzlü insanlar tembeldirler, bu eşek ve öküz tipine karşılık gelmektedir. Dolayısıyla, yüz ne büyük ne de küçük olmalıdır. En iyisi orta büyüklükte olmasıdır. Yüzü aşırı küçük olan insanlar bayağıdırlar. Asık suratlı insanlar somurtkan karakterlidirler. Allıkla boyanmış gibi yüze sahip olan insanlar utangaçtırlar. Bilindiği gibi bu durum insan bir şeyden utandığı zaman ortaya çıkmaktadır. Yanakları allanan insanlar alkoliktirler. Bilindiği gibi insan alkol aldığı zaman yanakları allanıyor.

Gözler

Gözlerinin altı torbalaşmış insanlar alkoliktirler. Yüzünün bu bölgesi şişkin olan insanlar ise yatmayı çok sevenlerdir. Nitekim, uykudan yeni kalkmış insanın gözünün çemberinde şişkinlikler bulunur. Küçük gözlü insanlar cesaretsiz ve iradesizdirler, bu maymun tipine karşılık gelmektedir. Büyük gözlü insanlar tembeldirler, bu öküz tipine karşılık gelmektedir. Gözleri ne aşırı büyük, ne de aşırı küçük olarak doğmuş birisi asil bir karaktere sahip olacaktır. Çukur gözlü insanlar gaddardırlar, bu maymun tipine karşılık gelmektedir. Patlak gözlü insanlar aptaldırlar, bu eşek tipine karşılık gelmektedir. Dolayısıyla, gözler ne aşırı patlak, ne de aşırı çukur olmalıdır; en iyisi orta büyüklükte olmasıdır. Gözü hafiften çökük olan insanlar alçakgönüllüdürler. Bu aslan tipine karşılık gelmektedir. Eğer aşırı çökük ise sakin ve usludurlar. Büyük öküz tipine karşılık gelmektedir. Buğulu gözlü insanlar hüzünlüdürler.

Alın

Alnı aşırı büyük olan insanlar ağır kanlıdırlar. Bu öküz tipine karşılık gelmektedir. Alnı daire şeklinde olanlar mantığını az kullanırlar. Bu eşek tipine karşılık gelmektedir. Alın yüzeyi büyük olan insanlar hassas, basiretli ve anlayışlıdırlar, bu köpek tipine karşılık gelmektedir. Alnı düzgün kare eklinde olan insanlar alçakgönüllüdürler, bu aslan tipine karşılık gelmektedir. Alnı kırışık olan insanlar mağrurdurlar, bu boğa ve aslan tipine karşılık gelmektedir. Alnında kırışıklar olmayan insanlar yalakadırlar. Dolayısıyla, alnın düz kırışıklı durumu kibirlilik, kırışıksız durumu ise yalakalığı ifade ettiği için, en iyisi orta durum olacaktır. Başı büyük olan insanlar hassastırlar. Bu köpek tipine karşılık gelmektedir. Başı küçük olan insanlar duygusuzdurlar, bu domuz tipine karşılık gelmektedir. Kafası, yukarıya doğru ensizleşen insanlar (yumurta kafalı) yüzsüzdürler, bu eğri tırnaklı kuş tipine karşılık gelmektedir. Kulağı küçük olanlar maymuna, büyük olanlar ise eşeğe benzemektedirler. Köpeklerde ise kulaklar daha orantılıdır.

Saç Rengi

Sarışın insanlar cesurdurlar, bu aslan tipine karşılık gelmektedir. Saçları aşırı kızıl olan insanlar kurnazdırlar, bu tilki tipine karşılık gelmektedir. Yüz rengi solgun ve değişik tonda olan insanlar korkaktırlar. Bu korku anında ortaya çıkan duruma karşılık gelmektedir. Bal sarısı renginde olan insanlar soğukturlar. Soğuk olan insanlar ise yavaş hareketlidirler. Vücut hareketleri yavaş olan insanlar ise ağır kanlıdırlar. Kırmızı renkliler çabukturlar. Zira, hareketten ısınan vücut kızarıyor. Ateş kırmızısı renginde olanlar çılgınlığa meyillidirler. Şöyle ki, bir cismin aşırı ısınmış parçaları alev rengini alır. Aşırı hırçın insanlar ise deliliğe yatkındırlar. Göğsünde renk beliren insanlar sinirlidir. Bilindiği gibi insan sinirlenince göğüs bölgesinde bir yanma hissi oluşuyor. Gözleri kızaran insanlar çabuk sinirlenirler. Göz rengi siyah olan insanlar korkaktırlar. Bellidir ki, siyah renk korkaklığı sembolize eder. Gözleri tam siyah değil de, kestane rengine yakın olan insanlar dengeli bir karaktere sahiptirler. Parlak mavi renkli veya beyazımsı renkli gözleri olan insanlar korkaktırlar. Bellidir ki, beyazımsı renk korkaklığı sembolize eder. Gözleri mavi değil de, kestane renginde olanlar cesurdurlar. Bu aslan veya kartal rengine karşılık gelmektedir. Gözleri koyu kestane renkli olan insanlar şehvetlidirler. Bunlar keçilere benzetilebilir. Gözleri alev renginde olanlar arsız ve yüzsüzdürler. Bunlar köpeklere benzetilebilir. Parlak, fakat belirgin bir rengi olmayan göze sahip insanlar korkaktırlar. Gözleri parlak olan insanlar ihtiraslıdırlar. Bunlar horozlara ve kargalara benzetilebilir.

Ses

Ses tonu aşağı olan insanlar küstahtırlar. Bu eşek tipine karşılık gelmektedir. Alçak tondan başlayıp yüksek tonla bitiren insanlar tatmin olmayan ve şikâyetçi insanlardır. Bu öküz tipine karşılık gelmektedir. Yüksek, alçak ve kırılan bir sesle konuşanlar sapıktırlar. Bu kadın tipine uygun gelmektedir. Yüksek ve düzgün bir sesle konuşanlar köpeklere benzetilebilir. Zayıf, gevşek bir sesle konuşanlar sakindirler. Bunlar koyun tipine karşılık gelmektedir. Yüksek sesle konuşan ve bağıran insanlar şehvetlidirler. Bunlar keçilere benzemektedir.

Aşka Mektup Yaz

Bu bölümü unuttuğumuz bir şeyi tekrar hatırlatmak adına hazırladım. Hani eskiden mektup yazar yollar ve mektup beklerdik ya... Zamana karşı gösterdiğimiz sabırla sevdiğimize olan duygularımız daha da artardı.

Sabırla beklenen her şeyin tadı ayrı, özenle yazılan her mektup aslında bir terapiydi bizim için.

Şimdilerdeki gibi bir mesajla başlayıp bir mesajla bitmezdi ilişkiler. Bedel öder, bedeller ödetirlerdi. İnsanlar aşkın kavuşmamak olduğunu bilirlerdi ve gereken neyse onu yaparlardı. Mektup yazarlardı. Sayfalarına kokularını bırakır, içlerine fotoğraflar koyarlardı. Tek bir fotoğrafa aylarca bakılır özenle saklanırdı. Bir çiçeğin yaprağı kurutulur, gelen mektupların kutusunda saklanırdı. Çünkü hepsi anıydı.

Eskiden, şimdilerde olduğu gibi binlerce fotoğraf çekip bir mesajla yollanamazdı, bir gülücük işareti ile duygular yol bulmazdı. Her şey basitleşti, her şey anlamsızlaştı, çünkü her şey kolaylaştı.

Aşk ise kolay değil, zor olandı.

Şimdi bir mektup yazalım sevdiğimize, âşık olduğunuz biri olmasa da yazın. Kime mi? İleride âşık olmak istediğiniz birine. Hayalinizdekine.

Abdülhamid'den Ruhşan'a Mektup

Fesuphanallah,

Bu kulun seni bu kadar arzularken ve tüm dertlerine, perişanlıklarına ve yüreğinde açılmış bütün yaralarına sadece senin merhem olacağını düşünüp yalnızca senden şefkat beklerken, sen ziyaretine gelmiyorsun. Sebep ne ola ki? Yüce Allah'a yemin olsun benim acılarıma ancak sen son verebilir, ateşimi ancak sen söndürebilirsin. Sen bana merhamet etmezsen kim etsin? Vallahi her gece uykusuzum. Sabahlara kadar ayaktayım. Kaç senedir seni bekliyorum. Böyle yapman hak mıdır? Ben böyle perişan seni beklerken, senin bekleyişine Allah bile razı olmaz. Eğer bu gece de gelmezsen, beni sevmediğini düşüneceğim. Düşmanlarım şu halimi görse onlar bile üzülür. Benim yanıma kısa süreliğine uğramanı istemem. Sabahlara kadar yanımda kalmanı arzularım. Böyle yapacaksan ve gelmeyeceksen, vallahi ölüm bana daha hayırlıdır.

Ayşe Sineperver'den Abdülhamid'e Mektup

Şevket, Kudret ve Keramet Sahibi Padişahım Efendim,

Sultanım efendimin mübarek ayağına yüzümü gözümü süreyim. Benim efendim, sultanım; sizden bir ricam vardır. Bu cariyenize bir ev bağışlayınız. Çünkü benim satın almaya gücüm yetmez. Siz efendimden rica ediyorum. Bu kulunuzu sevindirin. Rabbim evlatlarınızı size bağışlasın. Daha birçok evlat sahibi olursunuz inşallah. Ben kulunuzu bir ev bahşederek sevindiriniz. Vallahi alacak kudretim yoktur. Allah bilir, siz efendimden başka durumumu arz edecek kimsem de yoktur. Başkasından istemeye utanırım. Halimi ancak siz efendime anlatabilirim. Artık inayet efendimindir. Şu an Kasımpaşa'dayım. Bu kulunuzu bir evle sevindiresiniz.

Kulunuz Sineperver

Hürrem'den Süleyman'a Mektup

Sultanım, Padişahım,

Dualarım, o güzel yüzünüz ve bir bakışıyla bütün dertlerimi yok eden güzel gözleriniz içindir. Her an hasretinizle inleyen ve ancak size kavuştuğunda huzur bulacak olan bu kulunuzun duaları inşallah kabul buyrulur. Hasret acısıyla kıvranan ve çektiği ıstıraplar yüzünden perişan olan bu çaresiz kulunuzdan bu değersiz sızlanmaları kabul ediniz. Ben sadece sizin yanınızda huzur bulabiliyorum. Sizin yanınızda olmaktan duyduğum mutluluğu anlatmaya kalemler yetmez. Sizinle birlikte olduğumuz anların hatırası, sizin yanınızda geçirdiğim günlerin anısı, bu miskinin gönlünde hep yaşamaktadır. Hiç olmazsa, sizinle yaşadıklarımız, sizinle ortak anılarımız sayesinde biraz olsun teselli bulabilmekteyim. Esen rüzgârlar çektiğim acıları size ulaştırsa, anlarsınız ki kulunuzun durumu feryat ve figan eden bülbül gibidir. Sizden ayrı kaldığımda dermanım, takatim kalmıyor. Kimse acılarımı dindiremiyor. Gamla dolu gönlümü görseniz, ayrılık acısıyla inleyen bir ney gibi hasta ve perişan olduğumu hemen anlarsınız.

Ömrüm, azizim, sultanım Allah'tan tek dileğim ve yüreğimin biricik arzusu, size tekrar kavuşabilmek ve ışık saçan yüzünüze bir defa daha bakabilmektir. Artık bir daha ayrılık olmasın. Rabbimden elbette dilerim ki benim sultanım candan ve gönülden sevdiğim şahım, dünyada ve ahrette hep mutlu olsun. Düşmanlarına karşı daima zaferler kazansın. İyi biliyorum ki benim sultanım bu kulunu, kaderin bir cilvesi ile gördü ve sevdi, bu kuluna mutluluk ve huzur ihsan etti. Bu cariyesinin gözyaşlarını dindirip sevindirdi. Sultanım sayesinde doğru yolu bulup iman ettim. Bu yüzden, mutlu olacağım gün, sadece size kavuşacağım gündür. Size, gözyaşlarımı damlattığım bir elbise gönderdim. Hatırım için giyesiniz.

Sultanım, saray halkının ve oğullarınızın çok selamı vardır. Herkes ayağınıza yüz sürmeyi murat eder. Bundan başka her iki cihanda mutluluğunuzu dilerim sultanım.

Fakir ve Hakir Cariyeniz Hürrem

İbrahim'den Hatice'ye Mektup

Canım, Sevdiğim,

Aşkımızın meyvesi olan oğlumuzun ve tabii ki annesinin gözlerinden öperim, umarım kabul buyrulur. Tüm kalbi duygularımla selam ederim. Eğer lütuf buyurup, bir köşede gözyaşları içinde kalmış bu âşığınızın halini soracak olursanız çok şükür sağ ve sıhhatteyim. Gece gündüz sizi tekrar göreceğim günün hayalini kurmaktayım. Allah'tan sadece size kavuşmayı diliyorum. Birkaç gün evvel Halep'e ulaştım. Çok şükür her taraftan zafer haberleri gelmekte. Siz de bizim için dualarınızı esirgemeyiniz. Bu kulunuzu, sizin sağlık ve iyilik ahvalinden habersiz bırakmayınız. Sizlerden iyi haberler aldıkça perişan gönlüm sonsuz sevinçlerle doluyor. Rabbimden, sizleri her türlü sıkıntıdan uzak tutmasını diliyorum. Dualarım sizinledir.

Sizi çok özleyen İbrahim

Yalan Söylediğini Nasıl Anlarım?

Yaptığım televizyon programında ve konuk olarak katıldığım tüm programlarda en çok üzerinde durduğum biri de YALAN. Birçoğumuz karşımızdakinin bize yalan söyleyip söylemediğini merak ediyoruz. Hatta içimizden bazıları, "Acaba yalan söylediğimde karşı taraf anlıyor mu," diye de merak içinde, biliyorum. Galiba yaşadığımız yüzyılda en çok maruz kaldığımız ve insanlara güvenmek için gizli gizli sınadığımız tek şey dürüstlük olsa gerek. Hem dürüstlüğümüz sınanıyor hem de bizler başkalarının dürüstlüğünü sınıyoruz. Çocuğumuz okuldan gelince, eşimiz işten gelince ya da biz iş arkadaşlarımızla, markette satış görevlisi ya da kaynanamızın bize yalan söyleyip söylemediğini anlamaya çalışıyoruz.

Çoğumuz önsezilerine güveniyor ya da hayatımızdaki bazı insanları o kadar iyi tanıyoruz ki artık onun yalanını yakalamakta uzmanlaşıyoruz. Sosyal ve kişisel hayatımızda ne kadar önemli ise iş, siyaset ve sanat dünyasında da o kadar önemli bir konu bu. Emniyet müdürlüklerinde polis arkadaşlara yıllardır beden dili üzerine eğitimler veriyorum. Ordaki dostların yalanı yakalama konusunda ne kadar usta olduklarına birçok kez şahit olmuşumdur.

Bu bölümde ne çok merak ettiğiniz ve sosyal medyadan da en çok sorduğunuz soruların da yanıtını vermek istiyorum. Hem bir erkeğin, hem bir kadının, hem de çocukların yalan söyleyip söylemediklerini beden dillerinden nasıl anlarsınız öğreneceğiz.

Bedeni zihin kontrol eder. Zihnimizi ise düşünceler. Düşündüklerimizi beynimizin filtrelerinden eler ve elenmiş haliyle dış dünyaya yani karşımızdakine iletiriz. Karşımızdakinin de kendine özel olan bir algılama sistemi vardır. Bizden aldığı mesajları kendi zihinsel dünyasında algılar ve yorumlar.

Bu bölümde öncelikle beynimizdeki bu filtre sistemini konuşalım. Her insanın aynı olaydan farklı yorumlar çıkardığını artık biliyoruz.

Beynimizdeki bu süreç o kadar hızlı çalışıyordu ki bizler farkında olmadan genel bir gerçek çıkarıp (kendi gerçeğimiz) karşımızdakine sunuyoruz. Birini seviyor olmanız ya da birine kızgın olmanız kendi gerçeğinizdir. Elmanın kırmızı olduğunu bilmek, Ay'ın geceleri çıktığını bilmek de gerçeklerimizdir. Hatta kendimizle ilgili, "Yapabilirim, yapamam, mutluyum ya da mantıklıyım," gibi fikirlere de filtreleme sisteminin bir sonucu olarak ulaşırız.

Başkalarıyla iletişim kurarken kendi yargılarımızdan yola çıkarız.

Çıkardığımız bu sonuçlar yalan ya da gerçek, doğru ya da yanlış olduğunda zihin ile beden arasında bir birliktelik oluşur.

Gerçekleri, doğruları aktarırken uyum sağlanırken, yalanları aktarırken durum değişir. Çünkü zihin yalan olduğunu bildiği için beden ve mimiklerle bunu karşımızdakilere iletir. Kelimeleri değiştirerek dilimizle yalan söyler ama bedenimizle de, "Bak ben yalan söylüyorum," deriz.

Sonuçta insanoğlu yalan için ağzını kullanır. Çünkü beden dili her zaman doğruları konuşur.

Bu bölümü iyice öğrendiğinizde siz de benim gibi sosyal hayatınızdaki, medyadaki ve özel hayatınızdaki insanların yalan mı doğru mu söylediklerini anlayabileceksiniz.

İnanın ki sanat, siyaset ve diğer alanlarda o kadar çok yalan söyleyen insan var ki. Ama biz beden dillerini okuyamadığımız zaman anlattıkları her şeyi gerçek zannediyoruz. Lütfen başkalarını kendiniz gibi görmeyin. İletişim konusunda gerçekten farklıyız. Lütfen şunu da unutmayın ki her insanın bir iletişim kanalı vardır. Herkes iletişime değer, yeter ki biz onları bu sürece değer kılalım.

Hepimizin başkalarını sevmede başarılı olduğumuzu düşünüyorum. Gerçekten sevmek kolay, ama çoğu zaman sevdiklerimize güvenmede problem yaşıyoruz. Sevginin kalıcı olması için güven duygusunun pekişmesi gerekiyor. Sevgiyle güven duygusu birlikte olduğu zaman umudumuz artıyor. Sevgi ile güvensizlik bir arada olduğunda ise umudumuz azalıyor. Demek ki, sevmek kolay, güvenmek zor. Çünkü insanları her şeye rağmen sevebiliyoruz ama her şeye rağmen güvenemiyoruz.

Mesela dini, dili, ırkı, görüşleri, yaşı, cinsiyeti ne olursa olsun her insanı sevebiliriz, sevmeliyiz de. Yalnız söyledikleri, davranışları yalan ve samimiyetsiz olduğunda güvenemiyoruz.

İnsan doğduğu günden itibaren güvenle bağlanmak istiyor. Eskiden önce sevip, sonra güven gelirken şimdiki yüzyılda önce güvenilir olup olmadığına bakıp sonra seviyoruz.

Danışmanlıklarım ve seminerlerimde gözlemlediğime göre insanların mutsuzluklarının altında sarsılmış güven duyguları yatıyor. Bu durum sonraki ilişkilerinde kişinin daha temkinli ya da daha korkak olmasına yol açıyor. Deneyimlerden oluşan bu korkularımızı yeni ilişkilerimize o kadar çok belli ediyoruz ki farkında değiliz.

Korkularımız ve acı çekmemek için sergilediğimiz davranışlarımız farklılaşmaya başlıyor. Karşı taraftan daha baskın, müdahaleci, yanlış arayan ya da güvenmediğimizi belli eder hale geliyoruz. Ve bir süre sonra karşı taraf gerçekten güvenilmez yanını ortaya çıkarmaya başlıyor. Hepimizin en büyük sınavı samimiyet ve güven.

Genelde karşımızdakinin bize söylediği yalanları o an için fark edemiyoruz, zamanla yalanı ortaya çıktığında, açıkçası ilk yalanını anladığımızda sonrasında daha dikkatli olmaya başlıyoruz. Bunun nedeni kendinizi güvende hissetmek. Çünkü yalan söylediğiniz kişi ruhen ciddi rahatsızlanıyor. Çok üzülüyor eğer ki yalan söyleyen çok yakınımız ise güvenle inşa ettiğimiz duvarlar yıkılmaya başlıyor.

Her ilişki güvenle inşa edilir, yalanla yıkılır. Yıkılan bir şeyi tekrar düzeltmek ise zaman alır. Beynimiz bize söylenen yalanları, doğrulara göre daha sık hatırlıyor. Bunun nedeni yaratılış gereği doğru olmamızdır. Bilinç kodlarımızda doğruluklar olduğu için, karşıtı olan yalanlarla karşılaştığımızda kısa süreli şoklar yaşayabiliyoruz.

Yalanlar unutulmaz sadece bazıları affedilir. Affetmemizin nedeniyse temelde tekrar bir şans verme isteğidir.

İnsan yalan söylediğinde rahatsız olduğu bir durumu kapattığını zanneder, aslında kendiyle ilgili o kadar çok şeyi açığa vurur ki farkında değildir.

Genelde o anlık durumu kurtarmak için söylenen yalanlar gelecekteki genel durumlarımızın kaybına neden olur. Yalan söylerken sürekli geleceğe sıkıntı göndermekten başka bir şey yapmayız.

Yalan tektir, değişmez diyebiliriz ama şekli, içeriği, nedenlerine bakıldığında çeşit çeşit yalanlar olduğunu görebiliriz. Hepsine değil belki ama, en önemli ve günlük yaşamda başımıza sık gelebileceklere burada yer vereceğiz.

En çok tanık olduğum, çalışmalarımda rastladığım yalan çeşidi, her iki tarafın da bildiği, sessizce kabullendiği yalanlardır. Biri yalan söyler, diğeri yani yalan söyleyen kişi kendisine yalan söylendiğini bilir ve kabullenir. Bunu dillendirmez, karşılık gizli bir anlaşma yapılır. Çünkü, yalanı ortaya çıkarmak ikisinin de çıkarına uygun olmaz.

Örnek vermek gerekirse, diyelim ki eşiniz sizi aldátıyor ve siz onun sizi aldattığını biliyorsunuz. Çünkü, birkaç kez yakaladınız. Eşiniz ortamlarda sürekli sizi hiç aldatmadığını, hep dürüst olduğunu söylüyor. Siz ise onun sizi aldattığını bildiğiniz halde, bilmiyor gibi yapıyorsunuz ve sesinizi çıkarmıyorsunuz. Çünkü onu kaybetmek istemiyorsunuz.

Başka bir örnek verelim:

8 yaşındaki çocuğunuz bir gün okuldan ona ait olmayan bir

eşya ile geldi. "Ona bu ne?", "Bu kimin?" diye sorduğunuzda size dedi ki: "Arkadaşım bana hediye etti." Biraz şüphelendiniz ama önemsemeyip devam ettiniz. Birkaç gün sonra çocuğunuzun öğretmeni sizi arayıp, çocuğunuzun çantasını kontrol etmeniz gerektiğini çünkü yanında oturan arkadaşının eşyasının kaybolduğunu söyledi. Hatta sınıftaki birkaç çocuk, o eşyayı çocuğunuzun elinde çantasına koyarken görmüşler. Artık çocuğunuzun yalan söylediğini anladınız ve siz de yalan öğretmene söylersiniz. Çocuğunuza da bu durumu anlatmadınız. Birkaç kere sorduğunuzda o yine hediye olduğunu söyledi ve siz sessizce bir anlaşma yaptınız. Çünkü yalanını ortaya çıkarmak sizin çıkarınıza, egonuza uygun değil.

Şunu unutmayın, size yalan söyleyen kişi sizin durumun farkında olduğunuzu eninde sonunda anlar. Çünkü, beden diliniz bunu ele verir. Gerçek ortaya çıkmazsa aranızda çok olumsuz bir bağ kurulmuş olur. İsteseniz de istemeseniz de bu olumsuz bağ yüzünden ruh haliniz yara alır.

Yalanın bir diğer çeşidi ise profesyonel yalancıların yalanlarıdır. Bu çeşitte yalan söyleyen kişi genelde durumdan habersizdir. Çünkü yalan söyleyen o kadar iyi oynar ki, kendi bile söylediklerine çoktan inanmıştır. Bu tiplerin iletişim becerileri çok yüksek olur, siz ise hiç açık yakalamazsınız. Karda yürür izini belli etmez derler ya, tam bu tipler için geçerlidir. Bir çok ruh bilimci bu tipler için aynı görüştedirler, bunun kişilik bozukluğu olduğunu söylerler. Öyle ki yalan söyleyen bu konuda körleşmiştir. Bu körlük gerçeklik algısını yitirmesine neden olur. Ortaya çıkmaz mı derseniz, çok uzun vadede çıkar ve sonuçlar yıkıcı olur. Düşünsenize, on yıldır evli olduğunuz kişinin size sadık olduğuna o kadar inanıyorsunuz ki, en ufak bir şüpheniz bile yok. Yıllar sonra bir öğreniyorsunuz daha sizle nişanlı iken başlamış aldatmaya ve hâlâ aldatıyor. Bu, yalan söylenen kişide de ciddi hasarlar bırakabilir. Şok, travma boyutunda olabilir.

Ya da şu örneği de verebilirim:

Bir adama âşık oldunuz, adam bekâr ve beş senedir birliktesiniz, artık iş ciddileşsin istiyorsunuz. O da bunun farkında ve size evlenme teklifi ediyor. Çok mutlu oldunuz ve evlendiniz. Yıllar sonra öğrendiniz ki adamın bir karısı daha var. Onunla imam nikâhlı, sizinle ise resmi nikâhlı. Hatta bir tane de boyu kadar çocuğu var. Al sana şok. Siz ise, "Bunu nasıl anlayamadım bunca zaman," diye kendinize aptal der durursunuz.

Yalan söylemenin nedenleri üzerinde pek durmak istemiyorum. Çünkü derin patolojik, psikolojik ve çevresel şartlar gibi birçok nedeni olduğunu biliyoruz. Daha çok ruh bilimcilerin araştırdığı bir konu olan yalanın gün geçtikçe arttığı da bir gerçek. Asıl olan bunun nedenleri üzerinde durmak.

Yalan aynı zamanda öğrenilen bir şeydir. İstemeden etkileşimde olduğumuz kişilerden de bulaşabiliyor ya da bir çoğumuz bulaştırıyoruz.

Ekonomik şartlar, kültür, sosyal yaşam, ilişkiler, menfaat gibi nedenlerle artan yalan söyleme davranışları hem bireyin hem de toplumun değer yargılarında da problemlere neden oluyor.

Çünkü, söylenen her yalanın yakınında olumsuz yaşam kesitleri, yanlış davranışlar alkol ve uyuşturucu, kötü arkadaşlar aşırı tüketim, kavga ve samimiyetsizlik vardır. Bunlardan biri ya da birkaçı yalan söyleyenlerin etrafında gezerler.

Gelelim asıl konumuza, yalan söyleyenleri nasıl analiz edeceğiz? Hızlı analiz edebilmek için nelere dikkat etmeliyiz? Kadınlar, erkekler ve çocuklarda yalan söyleme davranışları nasıldır?

Bu soruların hepsini cevaplayacağım. Yalnız sizden istediğim çok önemli bir şey var. Aslında dikkat etmenizi istediğim bir şey.

Unutmayın bedeninizin her noktası aslında bir enstruman gibidir. Elleriniz keman, ayaklarınız saz, gözleriniz davul, burnunuz gitar, omuzlarınız piyano ve daha niceleri.

Bu enstürmanlar çalacakları parçanın notalarını duygularınızdan alırlar. Duygularınız samimi ve gerçek ise tüm bedeniniz bir olup aynı parçayı eksiksiz çalarlar ve karşınızdakiler size bakıp bu parçayı hatasız dinlerler.

Ancak duygularınız ve düşünceleriniz samimiyetsizse ya da gerçek değilse bedendeki enstrumanların notaları karışır. Eller başka, ayaklar başka telden çalmaya başlar. Ağzınızdan ise çok farklı şarkı sözleri çıkar. Bu uyumsuzluk karşı tarafı rahatsız eden, yanlış notalara vurulan bir gürültü sesine dönüşür ve herkes bir gariplik olduğunu anlar.

İşte, şimdi size yalan söyleyen insanların ellerine, ayaklarına ve tüm bedenine neler olduğunu, yalan söylendiğini nasıl anlayacağınızı madde madde anlatıyorum:

Kelimelerle Yalan Söyleyebilirsiniz Ama Bedeninizle Asla

Yalan söyleyen huzursuz olur çünkü insan doğası yalana uygun değildir. Yalan söyleyen dürüst olmadığı için karşısındakinden rahatsız olur ve eğer oturuyorsa sürekli pozisyonunu değiştirme ihtiyacı duyar. İlk önce dikkat etmeniz gereken şey karşınızdakinin oturup oturmayacağı? Eğer oturuyorsa muhakkak sağa sola ya da öne arkaya doğru hızlı hareketlerle konumunu değiştirecektir.

Özellikle erkekler yalan söylediklerinde sahte öksürükler ya da boğaz gıcıklanması yaratırlar. Amaç dikkati dağıtmaktır. Kadınlarda bu durum pek olmaz.

Erkekler yalan söylerken aşağıya, kadınlar ise yukarıya bakarlar. Erkekleri suç işlemiş çocuk gibi görebilirsiniz. Kadınlar ise burnundan kıl aldırmayan biri gibi. Gözler aynı zamanda her iki cinste de sağa bakar. Çünkü insanlar geleceği düşünürken yapısal olarak sağa bakarlar. Sağa bakmak bir tasarı olduğundan gelecekle alakalıdır. Yani her yalan söyleyen sağa bakar. Yalnız her sağa bakan da yalan söylemez. Bunun için saydığım her şeyin bir arada olması şart.

Genellikle göz kontağı kurulmaz. Kadın da, erkek gözlerini birbirinden kaçırırlar.

Yalan söylerken tek kullanılan yer ağızdır, bu yüzden yalan söyleyen genelde ağzını kapatma eğilimi gösterebilir. Özellikle bir parmağını dudağına götürüp kaşır gibi yapabilir.

Yalan söylerken kan basıncı normalin üstüne çıkar. Yüzün en hassas yerlerinden olan burun üstü ise kaşınmaya başlar. Genelde erkekler burnunu kaşırlar. Kadınlar ise hafif bir dokunuş yaparlar.

Bedendeki hareketlerde hızlanma olur. Doğru söyleyen insan sakin ve emindir. Yalan söyleyen kişideki sakinlik gider ve gereksiz bir hiperaktivite gelir. Bu da normal hareketlerinde bir hızlanmaya neden olur.

Kadınlar yalan söylediklerinde yüz bölgeleriyle pek oynamazlar, galiba bu da makyaj bozulmasın diye. Genelde kulak memelerini sıkar ya da saçları ile oynarlar. Erkekler ise gözlerini ovuşturur kendi yanaklarını sıkarlar.

Karşınızdakinin kullandığı kelimelere bakın. Hangi cümle ile başladı ve ardından gelen diğer cümleler ilki ile bağlantılı mı? Bunu anlamak için kurduğu ilk cümleyi sormanız yeterli. Genelde sonraki cümlelerde konudan uzaklaşmanın yollarını ararlar. Bir anda kendinizi başka bir konuda bulabilirsiniz.

Olmaması gereken yerde tebessüm edip gülmeye başlarlar. Bunun yalan olduğunu anlamak için göz kenarlarına ve ağız kenarlarına bakın. Gerçek gülmede her ikisinin kenarı da kırışır. Sahte gülüşlerde sadece ağız kenarı kırışır ama göz kenarları olduğu gibidir. Bu da samimiyetsiz olduğu ya da yalan söylediği anlamına gelebilir.

Ses tonları bir anda değişir. Ya normalin altına ya da üstüne çıkar. Bu fark edilir değişim bir şeylerin ters gittiğini belli eder.

Beden dilini kontrol etme çabaları hızlandığı için eğer ayakta ise hemen dik durmaya çalışırlar. Bunun amacı duygularını kelimeleri kontrol etmek ve belli etmemeye çalışmaktır.

Yalan söylerken vücuda adrenalin yayılır, kalp daha hızlı atar, kaslar gerilir, kan damarları genişler veya büzülür, gözbebekleri küçülür, nikotin ihtiyacı artar ve nefes alış verişi hızlanır.

Beden Dili Tekniklerini Uygulayarak İlişkinizde Mutluluğu Yakalayın

Sırt Sırta

Amaç:
Eşler arasında güven ve sevgi duygusunu pekiştirmek.
İlişki problemlerinin çözümü
Bedensel farkındalık
Samimiyet kazanımı

Eşler arasında iletişimsizlik ya da iletişim kopukluğu diye bir şey yoktur. Kadın ve erkek küsken bile iletişim devam eder. Sessiz kalmaları iletişim kurmadıkları anlamına gelmez. Neden mi? Çünkü her ikisi de eşi hakkında konuşup duruyordur.

Sevgilinizle ya da eşinizle küs olduğunuz, kavga ettiğiniz anları bir düşünür müsünüz? Onun yanında iken ona karşı sessiz ama içinizden ne kadar yüksek sesle konuştuğunuzu hatırladınız mı?

İşte tam da bundan bahsediyorum. Bedenlerimiz yan yana ya da ayrı odalarda, hatta farklı mekânlarda ama zihinleriniz sohbet halinde. Bu sessizlik bir süre sonra sıkıntı vermeye başlar. Çünkü insan dışında pasifleştikçe iç dünyasında aktifleşir.

Zamanla hem bedenler hem de zihinler birbirlerine yabancılaşmaya başlar.

Artık olumlu duygular yerini olumsuz duygulara bırakmıştır.

Size önereceğim tekniklerde sadece bedenimizi kullanacağız. Ben bu teknikleri hem çiftlere hem de şirketlerde takım çalışması eğitimi verirken vurguluyorum. İnanılmaz güzel geri bildirimler alıyoruz.

Hatta bu teknikleri uygulamak için eşinizle aranızda bir sorun olması da gerekmiyor. Her şey normal giderken uygularsanız aranızdaki bağ daha da güçlenir. Varsa çocuklarınızla da yapabileceğiniz bir tekniktir.

İnsanın sırt bölgesi güven ihtiyacının olduğu bölümdür. Sırtını nereye yaslıyorsa oranın sağlam olması gerekir. Çoğu zaman yüz yüze çözemeyiz problemlerimizi, bunun nedeni birbirimize bakarken egolarımızın devreye girmesidir.

Şimdi, bir kanepenin ya da yatağınızın tam ortasına hatta yerde halının üstünde sırt sırta gelecek şekilde oturun. Bacaklarınızı kıvırıp eşinizin sırtına yaslanın. Onun da aynı şekilde aynı beden duruşunda olmasını sağlayın.

Sessiz bir şekilde hiç konuşmadan birbirinizin sırtını hissetmeye çalışın.

Sırt sırtayken zihninizde sadece olumlu, pozitif duyguları tutmaya çalışın. Ana odaklanın. Ne geçmişe ne de geleceğe saplanın.

Bu egzersizi haftada üç kez on dakika süreyle yapın. Toplam 21 oturum gerekiyor. Etkilerini üçüncü oturumdan sonra göreceksiniz.

Bilinç boyutunda sırt sırta verdikçe güven ve sevgi pekişecek. Bilincin ürettiği ve kelimelerle pisletmediği bu duygular bilinçdışındaki negatiflikleri yok edecek.

On dakikalık çalışmadan sonra yine birbirinize bakmadan ne hissettiğinizi bir iki cümleyle seslendirin. İlk önce siz eşinize sonra da, o size ne hissettiğini anlatsın.

Ayağa kalktıktan sonra bir daha bu uygulama hakkında konuşulmasın.

Tek Vücut Olmak

Amaç:
Aile içindeki iletişim becerilerini artırmak
Empati kazanımı
Ortak paydada buluşma

Tek vücut oyununu tüm aile oynayabilirsiniz. Ya da sadece evli çiftler ve sevgililer de bu oyunu oynayabilirler. Hatta arkadaşlar, dostlar bile yapabilirler. Evde, parkta, sokakta işyerinde yapılabilecek bir tekniktir.

Bir duvarın dibine yan yana dizilin. Herkes birbirinin ellerini sıkıca tutsun. Eller beden dilinde enerjimizin iletildiği en açık kanala sahiptir. Birbirinizin eline sıkıca sarılıp, bacağını hemen yanındakinin bacağı ile yan yana yapıştırsın. Tek bir bacakmış gibi yapın. Şöyle düşünün sol bacağınızı eşinizin sağ bacağına yapıştırdınız. O da sol bacağını çocuğunuzun sağ bacağına yapıştırdı. Herkes birbirinin elini sıkıca tuttu. Artık tek bir vücutsunuz ve kopamazsınız. Şimdi en baştaki ileriye doğru ilk adımı atsın. Yani her ikinizin ayağı yapışık şekilde tek bir bacak ileri adım atsın. Sonra yanınızdaki diğer ayağıyla adım atsın. Sonuç olarak ayaklarınız yapışık şekilde belirlediğiniz yere yürüyün.

Etkinlikten sonra birbirinize geri bildirim verebilirsiniz.

Göz Göze Olalım

Amaç:
Uzun etkili sohbetler yapabilmek
Birbirimizin iç dünyasına girebilmek
Duygusal zekâ gelişimi
Etkileyici olmak

Bu bedensel oyun hem evli çiftler hem sevgili olanlar için geçerli. Biliyorsunuz ki bizler karşımızdakinin bize dikkat kesildiğini ve bizi önemsediğini ilk önce gözlerinden anlarız. Karşımızdaki ne kadar gözlerimizin içine bakarsa o kadar değerli hissederiz kendimizi. Hatta birçoğumuz eşimiz konuşurken gözlerini kaçırdığında rahatsız oluruz. Acaba yalan mı söylüyor diye endişelenmeye başlarız.

Bu oyunda da kesinlikle sesli konuşmayacağız. Sessizlik içinde sadece bedensel eşleşme yapacağız. İnsan bedensel olarak eşleşebildiği zaman, yani bedensel uyumu gerçekleştirdiğinde bir bütün olabiliyor.

Karşılıklı iki sandalyeye ihtiyacımız var. Siz ve partneriniz sandalyelere oturun. Aranızda beş parmak mesafe bırakın. Karşılıklı, birbirinize bakarak oturun. Sessizlik ortamını oluşturduktan sonra birbirinizin gözlerinizin içine bakmaya başlayın. Herhangi birinizin göz kontağı kaçarsa uygulamayı durdurup başa almanız gerekir.

Uyumu yakaladıktan sonra ilk önce biriniz aklınızdan bir şey geçirmeye başlasın. Diğer kişi ise beş dakikalık çalışmadan sonra etkinliği bitirip sizin ne düşündüğünüzü tahmin etsin. Sonra eşiniz bir şey düşünecek ve siz tahmin etmeye çalışacaksınız.

İlk çalışmalarda tahminlerde başarılı olamayabilirsiniz. İstikrarlı bir şekilde tahmini yakalayana kadar yapmaya devam edin.

Yalnız, ilk uygulama gününde başarılı olmanız gerekmiyor. Bir iki çalışma sonra uyum yakalanacaktır, emin olun.

Biraz Gülelim :)

Aldatmadım

Taksim'de bir yapım şirketi ile toplantım vardı. Toplantı The Marmara Oteli'ndeydi. Uzun ve yorucu bir toplantıdan sonra otelden ayrıldım. Kapısından çıktığım gibi meydana doğru gitmek için yöneldim. Otelin çıkışında bir araba park etmiş duruyordu. Bir anda cam açıldı ve şoför koltuğunda oturan adam. "Aşkım Bey," diye bağırmaya başladı. Yavaşlayıp arabanın içine baktım. Yan koltukta bir kadın gözlerini dikmiş bana bakıyordu. Yüz ifadesinden kızgın olduğunu anladım. Adamın çaresiz halinden aralarında bir problem olduğu belliydi. Adam arabadan inip telaşlı bir şekilde elimi sıktı ve kadını göstererek, "Bakın Aşkım Bey, sevgilim onu aldattığımı düşünüyor. Anlatıyorum ama inanmıyor. Sizin anlattıklarınızı dinlemiş, elimi burnuma koydum diye, yalan söylüyorsun diyor. Lütfen anlatın, ne alakası var. Arabadan kadın, "Aşkım Bey aldattı biliyorum," dedi. Ben, "sadece burnu kaşımak değil. Birçok belirtinin bir arada olması gerekir," dedim. Adam, "Bak gördün mü?"

Kadın: "Aldattınnnn."

Dokunmasın Bana

2011'de 18 Mart Kadınlar Günü için Batman valisinin özel davetlisi olarak kadın erkek ilişkileri üzerine gösteri yapmaya gittim. Bir gün önceden gidip şehri gezmek istedim. Gündüz bir kafede arkadaşlarla otururken yaşça büyük bir kadın yanıma yaklaştı. Küçük yerlerin insanlarının beden dilleri şehir insanlarından farklıdır. İki büklüm olur, çekingen davranırlar.

Sessizce eğilip, "Aşkım Bey, değil mi?" dedi.

"Evet."

"Bir şey sorabilir miyim? Hazır bulmuşken sizi."

"Buyrun."

"Benim kocam konuşurken, evde, dışarıda, hatta sessizken bile sürekli dokunuyor bana."

"Eşiniz dokunsal galiba."

"Dokunmasın ama istemiyorum."

"Farkında olmadan yapıyordur. Dokunarak iletişime geçerler."

"Yere batsın dokunması, değişmez mi bu adam."

"Bilemiyorum konuşmanız gerekir bu durumu."

"Çok konuştum Aşkım Bey."

"Ne dedi."

"Hiçbir şey demedi ama herif sürekli dokunuyordu hâlâ."

Sevgili Yapamıyorum

2012 Aralık ayında konuşmacı olarak Ankara Gazi Üniversitesi'ne gittim. Şunu belirtmek istiyorum meslek hayatımda en çok haz aldığım anlardan biri de üniversite turnesinde öğrencilerle buluşmaktır.

Gazi'deki seminerim bittikten sonra imza ve fotoğraf çekimi için genç arkadaşlarla bir araya geldik.

Aralarından özgüveni eksik, bedenini saklar durumda olan genç erkek arkadaş yanıma gelip, "Bir şey sorabilir miyim size," dedi.

"Tabii ki."

"Ben sevgili yapamıyorum."

"Sevgili yapılmaz ki sevgili olunur."

"İşte sevgili olamıyorum, kızları etkileyemiyorum, nasıl olacak?"

"Bu hemen bir iki cümleyle anlatılabilecek bir durum değil. Uzun uzun konuşmamız ve gerekirse profesyonel bir destek alman gerekebilir."

"Bir iki şey söyleseniz de hemen uygulasam."

"Kime?"

"Kıza."

"Hangi kıza?"

"Ne biliyim tanışırsam biriyle ona."

"Önce kendini tanıman lazım, böyle olmaz."

"Olmaz diyorsunuz yani."

"Olmaz demiyorum, hemen istediğiniz şekilde olmayabilir."

"Anladım."

"Pardon, ne anladın gerçekten?"

"Kız yok diyorsun piyasada."

Kimliğinizi Görebilir miyim?

2004 yılında Bahçeşehir Prestige Alışveriş Merkezi'nin iletişim danışmanlığını yapıyordum. Starbucks ev sahipliğinde her hafta salı günleri saat 14.00'te kahve sohbetleri düzenliyordum. Her hafta Bahçeşehir sakinleri Starbucks'a gelip söyleşiyi dinliyorlardı.

Bir salı günü sohbetimiz başladı. Beş on dakika sonra bir hanımefendi nefes nefese geldi ve oturdu:

"Kusura bakmayın."

"Rica ederim hoş geldiniz."

"Ayy Aşkım Bey, sormayın gelene kadar neler çektim."

"Hayırdır."

"Eşimle tartışıp geldim, o da aşağıda beni bekliyor. Aslında benim için değil sizin için geldi."

"Buyursun o da."

"Seminere değil, kimliğinizi görecekmiş."

"Nasıl, kimliğimi mi görecek neden?"

"Sabah işe giderken hadi görüşürüz dedi."

"Ben de para bırak Aşkım'a gideceğim dedim."

"Ne, ne aşkımı, nereye gidiyorsun sen?"

"Seminere gidiyorum, Aşkım Bey'e."

"Aşkım Bey kim."

"Aşkım Kapışmak."

"O ne?"

"Adı Soyadı."

"Ben de geliyorum."

Sus Artık

Aralık ayında İstanbul Hilton Oteli'nde iletişim atölyesi etkinliğimiz vardı. Bir tam gün süren etkinlik bitiminde kitaplarımı imzalamak için bir platform hazırlanmıştı. Ben hemen oraya geçtim. Kitaplarını imzalatacak dostlar sıra oluşturdu. İçlerinden bir katılımcı kadın yanıma gelip, "Aşkım Bey ben özel bir şey soracağım," dedi.

"Şu an kitap imzalıyorum sonra sorsanız?"

"Tabii, bitsin beklerim."

Gerçekten bitmesini bekledi ve yanıma gelip, "Şimdi sorabilir miyim?" dedi.

"Buyrun sizi dinliyorum."

"Sekiz yıllık evliyim. Lise yıllarında tanıştık, aslında başlarda çok âşık değildim... Daha sonra çocuk olunca tabii işler değişti, daha az ilgilenmeye başladı. Annesi de sürekli bizde."

"Hanımefendi vaktim çok az gitmem lazım. Sorunuzu sorsanız."

"Tamam, şunu da söyleyeyim. İşte sonra aldım karşıma dedim ki, böyle olmayacak. Neyse Aşkım Bey benim kocam hiç konuşmuyor. Onu nasıl konuşturabilirim?"

"İzin veriyor musunuz konuşması için."

"Tabii ki hep söylüyorum, hayatım sen de biraz konuş diye."

"O ne diyor peki?"

"Ne diyecek! SUS ARTIK!!!"

Sessiz Olur musun?

İki sene önce Kadınlar Günü etkinliği için Almanya Stutgart Türk Konsolosluğu'ndan davet aldık. Arena'da Türk dostlarla buluşup gösterimizi yapmak ve sonra protokol davetlerine katılmak üzere yolculuğa çıktık. Gerçekten güzel bir program oldu benim için. Gösterimi yaptıktan sonra kulise geçtim ve Türk dostlarla sohbete başladık.

Bir kadın dedi ki:

"Aşkım Bey anlattıklarınız çok güzel ama eşlerimizin de olması, asıl onların öğrenmesi gerekiyor."

"Ama erkeklere kapalı bir etkinlik, keşke açık olsaydı da eşleriniz de gelseydi."

"Bizimki açık olsa da gelmezdi."

"Neden?"

"Bir şey öğrenmesi ya da kitap okuması gerektiğinde hemen kaçar."

"Anlıyorum, çoğu erkekte var bu durum. Özellikle ilişkiler ve iletişim konusunda, siz kadınlar kadar öğrenmeye açık olamayabiliyorlar."

"Okuyup beğendiğim kitapları okusun diye ona veriyorum, sen bana oku diyor."

"Aslında iyi bir yöntem denediniz mi?"

"Her yolu denedim, tamam dedim okuyorum sen dinle."

"Harika."

"Ne harikası Aşkım Bey, ben okumaya başlayınca sessiz oku diyor adam."

Aşk Dans Etmektir

Danışmanlık yaptığım anaokullarından birinde dört yaş grubu ile drama çalışmaları yapıyorduk. Minik, çok sevimli kız ve erkek çocuklarıyla inanılmaz keyifli zamanlar geçiriyorduk.

Tüm çocuklar daire olup, yere oturdular ve sohbet etmeye başladık.

Onlara bir soru sordum:

"Çocuklar AŞK nedir?"

Hepsi birden gülmeye başladılar. O kadar tatlıydılar ki, fısır fısır konuşurlarken bir tane minik kız yüksek sesle, "Sarılmak," dedi.

"Başka kim söyleyecek? Aşk nedir?"

Bir erkek minik, "Öpüşmektir,"dedi.

"Başka."

Başka bir minik kız son noktayı koydu, benim aşk nedir soruma.

"Aşk dans etmektir," dedi.

"Nasıl yani?"

"Annemle babam eve gelince zıplıyor sarılıyor," dedi.

Evet ben de katılıyorum bu miniğe. AŞK dans etmektir. Aynı beden diliyle tek bir ritimde aynı duygularla şimdiki zamanda bütünleşmektir.

Çünkü AŞK iki kişinin bedeninde tek bir ritim olabilmektir.

Senin Adın Ferhat Olsun

2004 yılında Bahçeşehir Süleyman Demirel İlköğretim Okulu'nda özel eğitim gerektiren çocuklar için danışmanlık yaptım. O dönem okulda rehber öğretmen ataması daha gerçekleşmediği için öğretmen arkadaşlara ve öğrencilere destek oluyordum. Okula başladığım günlerde birkaç öğretmen arkadaşla tanıştım. Bir anda okulun içinde dedikodularım dönmeye başladı. Adımdan dolayı farklı deneyimler yaşayacağımı biliyordum. 1, 2 ve 3. sınıf öğrencileri annelerine ve babalarına dediler ki:

"Öğretmenlerimiz sevgilileriyle okula geliyorlar. Okulda hep birbirlerine AŞKIM diyorlar."

Tabii anne ve babalar bu durumdan oldukça rahatsız olmaya başlayıp okul yönetimine şikâyet etmişler. O günlerde koridorlarda öğretmen arkadaşlar bana AŞKIM diye seslenince müdür yardımcısı Kâzım Bey, iyice rahatsız olmuş ve benimle ilgili kulisler yapılmaya başlamıştı.

Bir gün Kâzım Bey beni odasına çağırdı:

"Hocam, merhaba."

"Merhaba, Kâzım Bey."

"Şeyyy, hemen konuya gireceğim. Senin adın FERHAT olsa."

"Nasıl yani?"

"Ferhat Hocam."

"Aşkım benim adım."

"Hocam olmuyor be diyemiyorum AŞKIM falan. Okulda da kadın öğretmenler AŞKIM, AŞKIM deyince garip oluyor. Senin adın FERHAT olsun."

NOT: Kâzım Bey dışında herkes bana AŞKIM demeye devam etti.

Aşkın Evreleri

Kime, nerde, ne zaman âşık olacağımızı bilemeyiz. Böyle bir bilinç olsaydı aşk raflarda kalırdı, aranılan ve arzulanan olmazdı.

Kimin evladı olduğumuz, hangi kültürde yetiştiğimiz, genetik kodlarımız ve karakter özelliklerimiz kime âşık olacağımızı belirleyen unsurlardır. Bu yüzden her karşımıza çıkana âşık olamayız.

Aslında bir aydınlanma olan aşk, yıllarca kirlenen zihnimizin aynı zamanda da ilacı oluyor. Gerçek aşk insanı kendi gerçekliğine götürüyor. Aşkın olmadığı zamanlarda insan sadece kendini ayakta tutacak şeylerin anlamlarını bilirken âşık olduğu zaman ilişkisi, olduğu, olmadığı her şey onun için anlam ifade ediyor. İşte yaşamın tadı dediğimiz şey buradan geliyor.

Bir çok dinde, birçok dilde tüm âlimler aşkı dizeliyor, resmediyor. Çünkü her ülke tarihsel aktarımında aşkları, savaşları daha yoğun kullanıyor. Savaşın olduğu her yerde aşk, aşkın olduğu her yerde savaş oluyor. Beyin nasıl tam çözülemediyse aşk da yüzde yüz bilinemiyor. Birçok başarı aşkla doğup birçok hastalık aşkla iyileşebiliyor.

Düşünsenize âşık olan, âşık olduğu kişinin her noktasında hayat buluyor. Saçının telinden, eskimiş tişörtüne kadar. Dokunduğu yerlerden, dinlediği müziğe kadar her şey artık âşık olana geçiyor.

Düşünün ki, âşık olan âşık olduğu için kendi zihnini yeniden programlıyor. Tüm pozitiflik olumlu bakış açısı, zevk alma dürtüleri, Polyannacılık motivasyon kanalları yüzde yüz çalışmaya başlıyor.

Dertler tatlı, yükler hafif, cehennem cennet oluyor. Nefes olan her şey var olduğu için sevilip, nefes alamayan cansız eşyalar aşka dekor olmaya başlıyor. Çünkü, dünya sen âşık olduğunda sana özel dizayn oluyor.

Tüm dünyayı kendi gönlünde barındırabilen âşık, aşkı da âşık olduğunu da, dünyayı da yaratana şükrediyor.

Çünkü aşk, yüzde yüze, tamlığa, sisteme, evrene teşekkürü getiriyor.

Sayfalardır anlatsam da tarif edemediğim aşk içinde evreler taşıyor.

Aşkın Oluşma Evresi

İlk 3 ayda oluşur, sonra 12 ay aşk yaşanır.

Oluşma Evresi: Bu evre için sizin dışınızda gelişen şartlar

meydana gelir. Ama bunu siz tasarlayamazsınız. Yani, akşam iş yemeğinde inşallah birine âşık olurum demekle olmuyor. Siz bilincinizle istediğiniz kadar ortam yaratın, olmuyor. Oluşum evresi bu nedenle insanın kontrolünde değil. Eğer öyle olsaydı her insan kendi egosuyla şartları oluşturur ve sonuçta yalnız kalırdı.

Yani *secret*, kuantum gibi tam anlayamadığım öğretilerle aşkın oluşma evresi programlanamaz. İnsan somut hayatını evini, arabasını, kariyerini dizayn edebilir. Hatta hedef haline getirip mücadele de edebilir. Ama aşk için bu geçerli değildir. Odanızın duvarlarına âşık olmak istediğiniz kişilerin ya da o özellikleri taşıyanların resimlerini koyup sabah akşam bakmakla olmuyor.

Şunu bilin ki zaten bilinçdışımızda bu kodlar var.

Bu nasıl bir egoysa onu bile biz yapmak istiyoruz. Olmaz, olamaz çünkü insana yetmez.

Belki bir toplantıya yetişmek için aceleyle metroya koştururken, belki bir arkadaşımıza oturmaya gittiğinizde, belki mezuniyet gecelerinde, belki de hüngür hüngür ağlayarak yalnızlığınızla gezerken çıkar karşınıza. Mekân, zaman ve olay kendiliğinden oluşur. Ve bir yerlerde onu ilk gördüğünüz an zihninize bir kanca takılır. Artık içinizdedir. İşte ilk aşama hoşlanma başlamıştır. "Hoş geldin," der yeni dünya. O ana kadar bedenindeki eski ruhu sıyırırsın yavaş yavaş. Deri soyulur gibi. Zihnin de bedeninden kurtulur.

Hoşlanmadan sonra uzaklaşır bedenler. Herkes kendi evinde kancalarıyla kalır. Başlar akıl oyunları, zihnin egzersizleri, zannetme aktiviteleri. İçinde devleşen meraklarla kalırsın küçücük kendinle.

Hoşlanma aşamasında hoşlandığımız kişinin tavırları, beden dili ve enerjisine dikkat kesilirsiniz. Her bir hareketinin bir anlamı oluşur.

Görüşmeler sıklaşırsa oluşma evresinin yoğunluğu artar. Buluştuğunuz yerler önemli, konuştuklarınız değerli olmaya başlar.

Her iki taraf da kendi zihninde karşı tarafın duymayacağı sorular sorar: Acaba mı? Olur mu? Gerçekten o mu?

Yanıtlar evet oldukça daha da emin oluruz.

İlk aşamada tavırlarını sevdiğiniz kişinin buluşmalar arttıkça içinide sevmeye başlarsınız. Her iki tarafın eksikleri geçici olarak saklanır. Kıyafetin en güzelini giydiğiniz gibi, duygularında en güzelini giyersiniz.

Bu aşamada kişiliğiniz çok önemlidir. Tabii ki karşınızdakinin de. Bazıları sağlıklı geçişler için yeterli psikolojik bir altyapıya sahip değildir. Bu da zarar getirir. Sağlıklı ve güçlü bir ilişki için iletişim tarzınız, ruh haliniz çok önemlidir.

Aşk oluşmaya başlayınca kontrol kaybı da başlar. Aşk tabii ki dizginlenip, kontrol edilebilecek bir şey değil ama arada sırada mantık süzgecinden geçirebilmek gerekir.

Aşkta hep güzel ve çirkin vardır. Ama doğru ve yanlışı da içine serpiştirmek şarttır. Yoksa yokuş aşağı hızla ilerleyen bir aracın freni patlamış olması gibi bir şey haline gelir.

Aşkın oluşma aşamasında kişi kendiyle fazla ilgilenir. Nedeni ise âşık olduğuna kendini güzel göstermektir. Bu aşamada haz çok ama acı azdır. Maksimum bedeller ödenmeye başlar bir dakikalık hazlar için.

Birbirlerinin her hallerine tanık olmaya başlarlar. Tüm dünyayı karşımıza aldığımız dönemdir. Varsa yoksa o.

Boğuşma Aşaması

Aşkın yoğunluğu azalırken beynimizin mantık tarafı ve kişisel egolarımız daha çok kendini belli eder.

Fikir ayrılıkları, bencilleşme ve tartışmalar çok küçük ayrıntılarla ortaya çıkarlar.

Bir yanda ilişki için gerekli olan bu ayrıntılar kişiler tarafından böyle algılanmayabilir. Bu aşamada kişilerin sorun çözme şekilleri devreye girer. Bazıları sorunu yok sayar, bazıları soruna karşı öfkelenir, bazıları sorunları anlamaya ve çözümün parçası olmaya çalışırlar. Yani sorun çözme becerimiz ilişkimizin devamını belirleyen en önemli unsurdur. Aşk azalmaz sadece çözülmeyi bekleyen sorunlar vardır. Âşıklar bu sorunlarla daha çok karşılaşırlar. Boğuşma aşaması önemli bir dönemdir. Birçok ilişki burada biter. Çözüp devam edebilenler sonraki aşamalarda daha da etkili olurlar.

Daha çok "sen" dili kullanılır. Ufak bir olayda, "Sen şöyle dedin, sen gelmedin, sen hatalısın" vb.

Âşıklar yavaş yavaş oluşma aşamasında göremedikleri, fark edemedikleri şeyleri bir daha gözden geçirirler.

Tabii kadın ve erkek bu süreci farklı yaşarlar. *Kadınlar Sağdan Erkekler Soldan* kitabında ayrıntıyla değinmiştim bu konuya.

Alışkanlıkları da bu evrede ediniriz. Sabah hep aynı saatte telefonlaşmak, aynı yoldan eve gitmek, aynı eşyaları kullanmak vb. Kişi hem kendi gibi olabilmeli hem de biz dilini yakalayabilmeli.

Oluşma aşamasındaki birbirimize olan hassasiyetlerimiz azaldığı için kırılabilme ihtimalimiz artar. "Hem kızıyorum, hem seviyorum," cümlelerini çok duyarız. Ama yine de her evre gibi bu da güzeldir, canlıdır, hayat doludur. Bu evreler onları yaşayanların dünyalarına göre şekillenir.

Yanlış anlaşılma bazı aşklarda küslük, bazı aşklarda tartışma, bazılarında ölüm, bazılarında çözülecek sorun getirir. Yani kişilikler önemlidir. Her insan aşkı hak eder, ama her insan hakkını verir mi bilinmez.

Dediğim gibi hakkını vermelisiniz. Sevdiğinizin, ilişkinizin hakkını vererek seveceksiniz. Unutmayalım ki ilişkiler sorunlar yüzünden değil, sorunlara çözüm üretemediğimizden yara alır veya biter.

Hepimizin kabul etmesi gereken şey, sorunların her insanın hayatında olduğu gerçeğidir ve sorunları çözenler daha da güçlenirler.

Hepimiz büyüklerimizden, annemizden, babamızdan dinlemişizdir: "Biz evlendiğimizde eşyamız yoktu. Zar zor geçiniyorduk. Biz evlenirken ailemiz manevi anlamda çok destek olmadı," vb. Bu hikâyeler sürer gider. Çoğumuz dinlerken şaşırıyoruz. "Allahım nasıl çekmişler, nasıl uğraşmışlar bu kadar sorunla," diyoruz.

Belki o kadar yoğun değil sorunlar ama bir gerçek var ki o kadar güçlü değiliz artık.

Eğer ilişkinizde ya da evliliğinizde bu aşamadaysanız özellikle size önerim etkili iletişim kurmanız. Bunu nasıl yapacağız derseniz? Etkili iletişimde üç adım var: Dinle-anla-yorumla.

Eşinizle bir sorunu tartışırken öncelikle etkili dinleyin. Etkili dinlemek demek o konuşurken bizim sessizleşip ona konsantre olmamız demektir. O esnada aklımızdan konuşmamak. Ona vereceğimiz cevapları hızlıca düşünmemek. Dinledikten sonra onu ve sorunu anladığınızı belirten geri bildirimler verin. Yani başınızı yukarı aşağı sallayıp, "Seni anlıyorum,"la başlayan cümleler kurun. Devamlı "biz" dilini kullanın. En sonunda yoruma geçin. Yani kendi fikrinizi en sonda söyleyin. Unutmayın iletişimde karşımızdakiyle değil sorunla uğraşmalıyız.

Çoğu ilişki bu aşamada bitebilir. Çünkü gerçekler rahatsız edebilir ve kişiler bu aşamada fark ettikleri sorunu çözecek gücü kendilerinde göremeyebilirler.

Buluşma Aşaması

İlk iki aşamayı geçtiyseniz bir şekilde sorunlar çözülmeye başlamış demektir. Yani her ikiniz de ilişkinin getirdiği birçok problem ve güzellikte ortak noktada buluşabiliyorsunuz.

Neden bu aşamaya buluşma diyorum çünkü ilişki doğru ve yanlışta, güzel ve çirkinde aynı yerde buluşabilmektir. Daha çok aynı şeyleri düşünüp daha çok empati kuruyorsunuzdur.

Artık mutlu olmak için çok fazla bir şey yapmaya gerek yoktur. Çünkü birlikte yaptığınız birçok şey mutluluk verir. Özellikle evliliklerde ilk iki üç sene geçilebildiğinde bu aşama yani buluşma aşaması sağlıklı yaşanmaya başlar.

Siz de biliyorsunuz ki artık birçok evlilik bu aşamaya gelmeden bitiyor.

Özellikle evli çiftlerin etrafında olanlar buna dikkat etmelidir. Evliler ilk iki senede birçok sorun karşısında başarısız olup tartışabilirler. Eğer ki çok büyük hatalar, ağır psikolojik durumlar, şiddet ve aldatma yoksa anlayışla karşılamak gerekir. Bu durumlar yoksa hemen ayrılın gibi zararlı telkinler vermemek gerekir. Aslında bu aşama evli çiftler için çocuk yapmaya idealdir. Çünkü çocuk dünyaya muhteşem güzellikleri ve aynı zamanda yorucu sorumluluklarıyla gelir.

Eğer sevgiliyseniz ve bu aşamaya geldiyseniz ileriye doğru daha ciddi kararlar alabilirsiniz demektir. Çünkü buluşma aşamasından sonra süreyi çok uzatmak da can sıkmaya başlar. Her şey rutinleşmeye ve nötrleşmeye başlar.

Aşkla Kandırılan Kadınlar

Öyle büyüktür ki kadının gönül dünyası birçok şeyi aşkla sevebilir. Sevgilisini, kocasını, evladını, dostunu, hayvanları, müziği, doğayı, renkleri, anıları, hayalleri, insanı ve hepsini yaratanı.

Bu kadar duygusal kadın, herkeste aynı zanneder kendinde olanı. Ayrıca kadın yukarıda saydığım şeylerin hepsini ya da birçoğunu da aynı anda sevebilir. Her renge, her kimliğe girebilir. Yorulmaz ki kadın. Sevdiğinin yanında öyle bir sevgili olur ki sevdiği kendini padişah sanar, evinde evladını öyle bir sever ki evlat kendini sultan sanar, dostlarına öyle bağlıdır ki hepsi kendini özel sanar. Hepsini teker teker sever çünkü dünyası büyüktür kadının.

Bazı erkekler vardır, hem yalancı hem de hırsızlardır. O kadar ustalardır ki siz dürüst olanlarla bir tutarsınız. Gerçekten âşık sanarsınız. Bu erkekler çok iyi bilirler kadınların hassas noktalarını, ihtiyaçlarını. Aşkla vurular kadınlara. Çünkü tüm kadınlar aşkla gençleşir, aşkla iyileşirler. Gözleri parlayan, elleri titreyen, kendini sevdiren, güçsüzü kollayan, yürürken devleşen, konuşurken gürleşen, cömert, hoşgörülü âşık isterler.

Bazı erkekler bilirler bu istekleri. Oyuncudurlar ve oynarlar aşkın hallerini.

Ansızın çıkar bu erkekler ortaya. Tek amaçları bir kerelik ya da çok kerelik döl bırakmaktır. Aslında kadının ruhunu değil bedenini isterler. Ama bilirler beden için ruhu almanın şart olduğunu. Ruhla oynarlar önce, altüst ederler her şeyi, bütün ezberleri bozarlar.

Genelde yaralı kadınları seçerler. Ya geçmişten, ya önceki sevgiliden, ya aileden ya da hayattan yaralı kadınları.

Çünkü eksiktir bir yanları. Düşmemek için tutunmak isterler. O anda bile aşkla tutunmak isterler. Fırsat doğar yalancı, hırsız erkeklere. İlk önce izlerler kadınları ustalardır avcılıkta. Arkadaşlıkla başlarlar yanınızda olmaya ama çok kısa sürer. Bir anda aşırı ilgi alaka ile başınızı döndürürler. Karanlıkta ışık yakarlar, ekmeğin yanına su koyarlar. İhtiyaçlarınız analiz edip karşılamaya çalışırlar. Ağızları çok iyi laf yapar, konuşmada ustadırlar. Yalnız çok nazik ve incelerdir. Bakımlı ve hoş giyinirler. İlgiyle altüst ettikleri hayatınızda bir anda seks isterler. Siz reddederseniz onlar daha çok heyecanlanırlar. Anlayış gösterirler. Bu hoşlanma gider, daha çok savaşmak isterler. Bir yandan da planlar yaparlar gizli gizli. Çok fazla arkadaş ya da akrabaları ile tanıştırmazlar. En fazla bir ya da iki belki o da yok.

Çünkü istemezler ilerde ulaşabileceğiniz birileri olsun. En

sonunda sizden uzaklaşmaya başlarlar. Siz ne yapacağınızı bilemezsiniz. Onu kaybetmemek için her şeyi göze alırsınız. Sizinle birlikte olmak ister. Kaybetmemek için kabul edersiniz.

Bazıları o ilk geceden sonra tamamen uzaklaşır ardına bir sürü bahaneler sıralayarak. Bazıları bir süre daha bedeninize sahip olmak ister. Ruhunuzun acısını duymazlar.

Her ilişkiden sonra azala azala yok olurlar. Birer birer bahanelerle sizin kendinizi suçlu hissetmenizi sağlarlar. Yalancı, hırsız erkeklerdir onlar.

Dilleriyle seni seviyorum, bedenleriyle seni seviyorum yalanları söylerler.

İlk önce ruhunuzu sonra bedeninizi çalarlar, hırsızdırlar.

Sonunda ilkinden daha da yaralanmış olan kadın. Erkeklere tamamen güvensiz olur. Sevmez, istemez artık acı çekmemek için. Bir süre kalır kendiyle baş başa. Suyla, kitapla, işle, güçle, güneşle, havayla, doktorla, aileyle güçlenir ama hâlâ nefret doludur erkeklere.

Yemin eder sessizce, intikam almak için. Aslında korkusundandır savunmaları.

"Bundan sonra" der, "kanmam hemen, bırakmam kendimi. Topunun köküne kibrit suyu." Uzun yalnızlıklar uzun hesaplaşmalarladır.

Ve "aşkla kandırılmış kadın" aşktan korkar. Korktuğundan kaçayım derken aşktan uzaklaşır. Aslında o yalancı hırsız erkeğe küseceğine yara aldığı yere küser, aşka.

Bilmeli ki aşk saftır. En temiz haliyle Allah'tandır. Onu pisleten bazılarıdır. Bazılarına kızıp aşktan kaçmak niye?

Aşkla kandırılmış kadının yapması gereken şey önce özgüvenle tanışmak, sonra mücadeleyle buluşmak, inançla yol almak ve sevgiyle barışmak. Sonrasını Allah'ına bırakmak.

Aslında yalancı hırsız aşkı değil zamanı çalar. Aşk olduğu yerdedir zamansızlıkla yaratıcısı arasında bekler. Samimiyetle isteyenleri.

Çünkü aşk geçmişte ve gelecekte değildir. O andır, andadır. Görebilene...

Cinsellikle Kandırılan Erkekler

Evet ne yazık ki böyle bir durum var artık. Belki birçoğunuz biliyorsunuz bu yüzden okurken hak vereceksiniz. Bir kısmınız ise ilk defa okuyacağı için şaşıracak.

Kadının en hassas noktasının duyguları olduğunu konuşmuştuk. Erkeklerin ise en hassas noktası cinsel hayatlarıdır.

Yanlış anlaşılmaya engel olmak için şunu belirtmek isterim. Erkekler sadece seksin peşinde olan varlıklar gibi algılanmasın. Değerler, duygular erkekler için de çok önemli ama cinsellik ön planda. Özellikle evlenmeyi düşünmüyorsa cinselliğin önemi kat be kat artıyor. Çünkü çoğu erkek zihninde kadınları üç kategoriye ayırıyor.

Annem Gibiler

Bu kategorideki kadınlara teyze, nine, abla derler.

Seksüel isteğin olmadığı acıma, vicdan, sevgi, saygı duyabilecekleri kişilerdir. Bu kadınların hemen iç dünyalarına konsantre olurlar.

Erkekler bu kategorideki kadınlara saygı duyarlar ve kendilerini eleştirme haklarını da verirler. Çünkü onların yanındayken kendilerini evlat olarak hissederler.

Komşu teyzeye yardım etmek, yolda karşıdan karşıya geçerken destek olmak gibi süreçlere girerler. Bu kategoridekilerle karşılaşınca erkeklerin testesteronları azalır. O yüzden sert, saldırgan durum gider, empatik, sempatik, sakin birine dönüşürler.

Hoş, bazı erkekler için belli bir süre sonra eşler de bu kategoriye geçebiliyor. Her erkek bu kategorideki kadınların yaramaz, komik evladı pozisyonunda olmak ister.

Karımgiller

Bu kategorideki kadınlar, erkekler için ideal eş olarak algılanır. Çoğu erkek böyle kadınları gördüklerinde, "İşte oğlum tam evlenilecek kadın," derler. Her kadın erkek için bu özellikleri taşımaz. Hemen hemen tüm erkeklerde aynı düşünceyi oluşturan bu kadınların başlıca özelliklerini şöyle sıralayabiliriz:

En önemli özellik dış görüntü yani güzellik. Güzellik insandan insana değişen bir kavram, bu yüzden dünyada kimse şu güzeldir, bu değildir diyemez. Ama erkeğin evlenilecek kategoride gördüğü kadınların dış görünüşleri abartı değildir. Yani makyaj, kıyafet sade ama çekicidir. Aşırılık itici olduğu için sınırları da aşılmamalıdır. İkinci özellikleri beden dilleri kullanış şekilleridir. Erkekler beden dilini etkili kullanan feminen davranışları yerine göre kullanan kadınlarla uzun ilişki kurmak isterler. Ama her yerde aşırı kadınsı, kalçalarını fazla sallayan, konuşurken kelimeleri uzatan, aşırı mimik kullanan kadınları abartı bulurlar. Sosyal medyada fotoğraf paylaşan birçok kadının dudaklarındaki abartı *botox*lar, verdikleri seksüel pozlar erkeklerin zihninde diğer kategoriyi oluşturuyor. Ona da birazdan değineceğim. Erkeğin uzun ilişki kurabileceği kadınlar aynı zamanda zor kadınlardır. Yani kolay iletişim kurulabilen hemen samimi olunabilen kadınlar değildir. Erkek uğraşmayı ve bedel ödemeyi sever. Ödedikçe de kadın onun için değerlenir. Kendi kendine yetebilen ama gücünü abartmayan kadınlardır. Bu kadınlar erkeğe hem "güçlüyüm" mesajı hem de "senle daha da güçleniyorum" mesajı veririler. Sana ihtiyacım var mesajını veren bu kadınlar erkeğin yanındayken onu alması gereken görevleri de ona bırakırlar. Erkekler aşırı güç odaklı kadınları beğenseler de, sevgili olsalar da eninde sonunda ayrılıp başka bir kadınla evlenirler. Evlendikleri kadın ise kendini geliştirmiş, kendine yeten ama erkeğin yanındayken onun rollerine girmeyen kadınlardır. Bu tip kadınlar ne iş yapıyorlarsa yapsınlar başka erkekler tarafından da farklı algılanmazlar. Yani evlenmek isteyen erkek bu kadın için şunu düşünür: "Ben yanında yokken başka erkekler onu taciz etmez, o kendisinin farkında ve bana güven veriyor. Aklım onda kalmaz," diye düşünürler.

Bu tip kadınların kendi hayatlarında çok dert olmaz olsa da bu kadınlar onları bir şekilde çözme yolundadırlar. Diyelim ki sıkıntılar var ve erkek arkadaşı bu sıkıntıları yüklenmeye başladı, inanın o an olmasa da ileri de bu sıkıntı olacaktır. Neden derseniz artık ilişki anlayışımız eskilerin anlattığı gibi değil. Kimse birlikte olacağı kişinin fazla yüklerini de sırtlanmak istemiyor.

Herkes ilişkinin içinde kendiliğinden oluşan ya da oluşacak olan sorunları çözelim yeter diyor.

Erkekler için evlenilecek kadınlar güleryüzlüdür, tebessüm ederler. Yani gülmek için illa bir neden olması gerekmez böyle kadınlar her an tebessüm edebilirler. Artık birçok erkek kendilerini yoracak sürekli asık suratla gezen kadınlara sıcak bakmıyorlar. Bu tip kadınları erkekler gözlemlerler, sorunlarını nasıl çözdüklerine dikkat ederler. Aile yapılarını merak ederler. Özellikle bu tip kadınların varsa erkek kardeşleri ya da babalarıyla olan ilişkileri erkekleri çok etkiler. Çünkü bilirler ki kendi ağabeyi ya da babasıyla nasıl ilişki kuruyorlarsa ileride kendileri ile de aynı ilişkiyi devam ettireceklerdir.

Bağımsız hareket edebilen ama yine de erkeğe bağlı, kendi özgürlük alanlarını yaratabilen kadınlardır. Erkekler için özellikle annelerin tipik özelliklerine sahiptirler. Yani biraz sabırlı ve duygularını kontrol edebilen kadınlardır. Unutmayın güzellik abartı ve yapay değil ama bakımlı olan kadınlardır bu kategoridekiler.

Geçiciler

Bu tip kadınlar erkekler için öncelikli cinsel yaşamlarını paylaştıkları düzenli seks hayatları için idealdirler. Kadınsılıkları abartı, eğlenme hazları yüksek ve genelde duygularının dikinde yaşayan kadınlardır. Bu kategorideki kadınlar erkekler için fazla heyecan yüklüdürler. Bu heyecan yüzünden uzun soluklu ilişki olmaz. Genelde sevdiğinden ayrılmış ya da boşanmış erkekler hemen böyle bir ilişki ararlar. Kendilerini iyi hissetmek için ihtiyaçları budur. Üzücü gelse de böyle kadınlar da yok değil. Hayatlarını devam ettirebilmek için tüm masraflarını erkeklere karşılatan ve sürekli, "Sana ihtiyacım var," diyerek yaşayan kadınlardır.

Erkekleri cinsel yönden fazlasıyla tatmin ederler ama istekleri bitmez. Aşırı kaprisli, egoları yüksek ve tüketim odaklıdırlar. Yaptıkları her hatanın haklı bir nedeni vardır. Genelde geçmişte kendi aileleriyle ciddi problem yaşamışlardır. Bu çoğu zaman baba travması olduğu için kendi geçmişlerinin intikamlarını erkek partnerlerinde alırlar. Aslında gerçekten hiç güçlü değillerdir, yaptıkları şey dişiliklerinin arkasına güçsüz bir kadın saklamaktır. Duygularını yüksek yaşarlar, abartı vardır. Uzun vadede erkekleri yorarlar. Genelde her erkek böyle bir kadınla yaşamıştır. Böyle kadınların hayatları somut yaşam odaklıdır. Soyut becerileri düşüktür ama ara ara duygusal çöküşler yaşarlar. Bu anda da hep başkalarını suçlarlar.

Erkekleri cinsellikle aldatan kadınlar bu kategoridedir. Bu tip kadınlar erkekleri çok iyi tanırlar. Çünkü küçük yaşlardan beri önce babalarını aşırı gözlemleyerek başlamışlardır hayata. Daha sonra bu gözlem başka erkeklerle devam eder. Erkeklerin önceliklerini yakalarlar bu da cinselliktir. Ama aynı zamanda erkeklerin ideal kadın imajlarını da bildikleri için biraz da ideal kadın gibi gözükürler. İlişki esnasında erkeğin kafasını sık sık karıştırırlar. Çünkü erkekler bir türlü anlam veremezler. Bir yandan ideal kadın imajı, bir tarafta da ideal olmayan davranışlar. Böyle kadınları anlamak bir erkek için zordur.

Erkeklere cinsel davetle yaklaşırlar ve oyuncu tarafları erkeğin kafasını karıştırır. Aslında aşk değildir kadının yaşadığı sadece bir ilişkidir. İlişkide ideal eş tavırlarını oynar, gerçekte ruh hali bozuktur ama bunu kendisi de bilmez. Erkek hem çok yakın hem de çok uzak oluyordur sürekli. Nerde durması gerektiğini de bilmiyordur. Olumsuz ne yaşanırsa kadın sürekli, erkeğin kendisini suçlu hissetmesini sağlıyor. Çünkü ağzı iyi laf yapıyor bu kadının.

Aşkımın Şiirleri

Acemi

Bir kerede edemem sensizliğe yemin
Sen olmadan dilemiştim her gece
Ardına koyacak bir şeyim yok benim
Ne varsa unutuldu senden önce

Bir kere çocuk olsak biz
Hemen gülüp, ağlasak
Kaybedersek ikimizde
Çevirip hep başa sarsak

Bu geceki aşkımız odalarda seferi
Bir sende kalalım bir bende olalım
Daha ilk oyunumuz bu kuralları gereği
Başlatıp bitirelim oyuncular acemi

Aklıma Gelme İstiyorum Bazen

Aklıma gelme istiyorum bazen
Ama sadece bazen
Seni düşünmediğim zamanlar duruyor ya hayat
Dinleniyorum sensiz dakikalarda
Olur mu, lütfen...

Kontrol edebilseydim senli düşüncelerimi
Yokluğunu uykuma saklardım
Bir kâbus der uyanırdım
İyi düşünürdüm merak etme
Hepsini hayra yorardım...

Gel hiçbir yere sığdırmayalım bizi
Yazılan aşk şiirlerinde de olmayalım
Şarkılarda bulamasınlar sevdamızı

Beni sadece sen bil
Seni de sadece ben
Sır olalım
Ama
İkimizin arasında kalan
Sevgili

Aşk Tazeledi Kendini Bu Gece

Aşk tazeledi kendini bu gece
Sabahı sildi hayattan, pişmanlık olmasın istedi
Tüm bedenlerden çıktı aşk bu gece
Küstü kendisini bir bedene hapsedenlere, hapis olmasın istedi
Ne erkekteyim dedi aşk, ne de kadındayım
Ben nefesim, suyum, inancım dedi
Aşk tazeledi kendini bu gece

Aşk tazeledi kendini bu gece
Heyecanları yok etti, mimikleri sildi tüm suratlardan
Kırmızıyı geceye saldı, hiç bakmadı ardından
Mecnundan geri aldı hikâyesini
Masallardaki üç harfi cımbızla çekti
Ne geçmişteyim dedi aşk, ne gelecekte
Ben şimdiki anım, yolum, geceyim dedi
Aşk tazeledi kendini bu gece

Aşk tazeledi kendini bu gece
Şiirleri, şarkıları toplattı, ozanları, şairleri susturdu
Ona dürüst olmayan kalplerde atmam dedi
Güneşi söndürdü, istemedi ışıklı uzun dakikaları
Ne yerdeyim dedi aşk, ne de gökte
Ben ruhum, duayım, cennetim dedi
Aşk tazeledi kendini bu gece
Aşk kendisini yaratana döndü ve dedi ki;
Beni günahsız sevenlere, beni dürüst yeminlere,
Beni bedensiz gelenlere ödül kıl...
Geldiği yere, cennete gitti aşk

Küçükken de Arardım Seni

Küçükken de arardım seni
Bildiğim rakama kadar sayar, sonra arkama bakardım
Sen bahçelere, apartman boşluklarına saklanırken
Ben seni sadece içimde arardım

Çıkardın, aniden bir yerlerden
Aslında izin verirdim sobelemen için
Ebe olmayı hiç istemedim
Neden dersen, senden saklanmayı bilemezdim
Gözlerini de kapatmanı istemezdim
Çünkü sen 100'e kadar sayabiliyordun

Büyümemek için hep zorladım bizi
Genç olmak istemiyordum gideceksin diye
Tam 5 yıl sayıp, önüm arkam sobe dememek için
Çocuk kalalım istedim saklambaç oynayalım diye

Şimdi çok büyüdük hem de çok
Sayamıyorum o kadar gücüm yok
Sen o kadar uzağa saklandın ki, hâlâ bekliyorum
Küçüklükteki gibi izin veriyorum hâlâ
Bir yerlerden çıkıp sobelemen için
Bir yerden çıkıp geleceksin biliyorum
Çünkü ben hiç büyümedim sevgili
Hâlâ SAKLAMBAÇ oynuyorum.
Önüm arkam sobe
Saklanmayan ebe
Sevgilim

Niyet Ettim Sana Sevgili

Çok konuşmak istemiyorum yanındayken
Çünkü daha az düşünüyorum seni
İhanet gibi geliyor gereksiz kelimelerim
Sessizlik içinde seviyorum seni

Çok yorgun oldum hayatta
Uyudum geçti
Çok aç kaldım yemek saatlerinde
Bir simitle doydum bitti
Bazen yalnız kaldım odamda
Bir şarkıyla dost oldum, yetti
Ama sensizliğe çarem bulamadım
Yokluğunun tek adı fakirlikti

Ömrüm senin dışındakilere oruçlu geçiyor
Sabah sana niyet, akşam sana iftar ediyorum

Aşkla yaratandan sonraki gün yine
Hep seni istiyor hep seni diliyorum
Çünkü ben sevgili
Önce Allah'ıma tapıyor
Sonra sana bakıyorum

Soranlara Adres Olarak Gözlerini Veriyorum

Soranlara adres olarak, gözlerini veriyorum
Yeni taşındım diyorum, merak edenlere
Senin mi diyenlere, kiralık diyorum
Benim olmasın gözlerindeki yerim, sevgili
Ne de olsa benim diyip şımarmaktan korkuyorum

Biliyorum ki Leyla yalan Mecnun yalan
Sana kendimi değil sevgimi verebilirken
Ferhat da yalan Şirin de yalan

Sevdiğine kul olmak değil AŞK
Ya da sevgiliyi köle etmek, kendine
Yolda olmak, yol almaktır AŞK
Sadece yanında samimi sevgiyle

Varlığın mutlu edecek ama yoksan da iyi olurum zamanla
Öyle yıkacak saltanatım yok sevgili
Sadece üzülürüm yolda yalnız olduğuma
Ama hiçbir yol duraksız değil sevgili

Sensizlik hayatımı durdurmaz sadece, sensizliği öğretir
Belki erken belki de geç öğrenir yüreğim bunu,
Ama ölüm sensizlikle gelmez damarlarıma
Bir süreliğine mışıl mışıl uyutur ruhumu.

Ünlü İsimlere Sorduk:

Sen Âşık Olunca Bedeninde Neler Oluyor?

Ben âşık olunca yüzümde, kalbimde, gözlerimin içinde güller açıyor. Mis çiçek kokuları salgılıyorum. Sebepsiz gülümsemeler belirir yüzümde. Hatta öyle ki az uyusam bile uykumu almış gibi gözükürüm. Saçım hemen şekle giriyor. Daha az yemek yiyip daha enerjik oluyorum. Aşk tam bir hayat sihri gibi. Özellikle kadınlar için büyük bir sihir. Bence kadınların sık sık âşık olmaları gerekiyor.

Esin ÖVET
Habertürk

Aşk gelince, gerçek mi bilmiyorum ama beş duyumun da açıldığını hissediyorum. Bende öyle kör sağır durumu olmuyor yani. Hatta tam tersi algılarıma anten takmış gibi oluyorum. Görüntüde kesinlikle zayıflıyorum bence aşk karın doyuruyor ve en gerçek diyet. Gözlerim parlıyor. Kalp çarpıntısı bitmiyor. Ama en hoşuma giden yanı, yüze doğal bir gülümseme hali yerleşmişse ve sen yerli yersiz gülüyorsan aşk sana çoktan, "Hoş Geldin," demiş oluyor.

Bahar FEYZAN
Anchorwomen - Yazar

Ben âşık olunca, ben olmuyorum tüm benliğimle ona yerleşiyorum, hep "o" oluyor hayatım Pınar sona eriyor ve kalp atışlarımı bir tek o duyuyor.

Pınar ATAK
Moda Editörü – Blogger

Âşık olunca gülümsüyorum. Dudaklarımla değil kalbimle gülümsüyorum. Utanıyorum, kabahat işlemiş gibi çekingen oluyorum. Bazen susuyorum, bazen de acı çekiyorum. Dünyanın tüm camları içimde birikmiş ve konuştukça, yürüdükçe her tarafıma saplanıyor gibi oluyor. Ne olursa olsun aşk... Aşk iyidir, candır, hayattır, nefestir...

Esat ÖZATA
Akademisyen Milli Şef

Ben çok aşka inanmıyorum. Ara ara hoşlanmalar olduğunda beyinde unutkanlık başlıyor, gözüm sürekli telefon ekranına kitleniyor. Onu düşünürken biriyle konuşuyorsam, karşımdakini dinliyormuş taklidi yapıyorum. Bir de ilk adımı hep karşı taraftan bekliyorum, çünkü biri olsa da olmasa da bir şekilde hayat devam ediyor.

Mustafa KOTAN
Yönetmen

Âşık olunca burnum sadece onun kokusunu duymak istiyor. Ve gittiğim yerlerde hep kokusu burnuma geliyor. Sarıldığımda tenim sıcacık ve derin bir huzur, güven karışımı tarifsiz bir hisse bürünüyor. Ve onu düşününce kalp ritmimde hızlanma ve heyacan... Yani beyine komut gitmiyor.

Ebru POLAT
Şarkıcı

Bence aşkın güzelleştirici bir etkisi var. Gözle görülebilir bir parıltı cildine, gözlerine yerleşiyor, veee aşk seni güzelleştiriyor.

Pınar AYLİN
Şarkıcı

Ben âşık olunca kan dolaşım hızım değişir! Sıçramam ikiye katlanır. "Aşkı başımdan eksik etme Yarabbim!" diye şükrederim.

Duygu BAL
FB Voleybol Takımı Oyuncusu

Karnımda kelebekler uçuşur.

IQ puanım 15 basamak düşer.

Karnım ağrır.

Gözlerim bozulur, onunla ilgili her şeyi tozpembe görmeye başlarım.

İşitme yeteneğim farklılaşır. Söylediği her şey müzik gibi gelir.

Dört ay içinde tüm sendromlar geçmeye başlar. Paniğe gerek yok :)))

Geveze

Radyo Programcısı

Öncelikle şunu söyleyeyim, âşık olduğumu hissetmeye başladığım an, gözlerimi kısarak bakmaya başladım. Hani uzakta birini seçmeye çalışırsın ya, öyle. Bende mide rahatsızlığı vardı, ülserin bile çaresi olabilir âşık olmak, çünkü artık eskisi gibi midenize bile kramplar girmiyordur. Günlerinizi geçirdiğiniz için beyninizle hareketlerinizi kontrol etmekte zorlanırsınız artık semptomlar tersden işlemeye başlar sanki hayatınızda...

Mesut TÜRKER
Hisarlar AŞ Kurumsal İletişim Yöneticisi

Ben ne zaman kendimi dünyanın en güzel kadını gibi hissetmeye başlasam, burnuma kendi kalbime ait aşk kokuları gelir... Gözlerimi böylesine ışıldatan, gülüşümü içtenleştiren, hayatıma ışık katan ve nabzımı yükselten his "aşktan" başka ne olabilir ki?

Işıl Evrim AKGÜN

***Bebeğim ve Biz* Dergisi Editör – TV Sunucusu**

Ben âşık olunca bedenim ısınıyor, kanım kaynıyor, solunum sistemim coşuyor, dolaşım sistemim fazla mesai yapıyor.

TWITPASA
Twitter Fenomeni

Âşık olduğumda adeta kalbim beynime ateş ediyor, bambaşka bir insan oluyorum.

Yeliz ŞAR
Oyuncu

Ben âşık olunca yemek yemekten kesilirim ve devamlı çalışırım. Ellerim, ayaklarım daha ağır hareket etmeye başlar.

Zeynep TURAN
Astrolog ve Yaşam Koçu

Cildim ışıldıyor, gözlerim parlıyor, dişlerim görünecek şekilde gülümsemeler çoğalıyor.

Ece VAHAPOĞLU
Köşe Yazarı

Çok güzelleşiyorum. Saçlarım ışıl ışıl, cildim pırıl pırıl. Parlak ay parçası genç kız gibi sürekli uyanışta oluyor bedenim. Fıstık gibi oluyorum...

Jale BEKÂR
Sanatçı

Daha önce bir kez âşık oldum onda da inanmazsın belki ama yemeden içmeden kesilmiştim, her şeye karşı duyarsız isteksiz sadece. Âşık olduğum insanı gördüğümde nefes aldığımı hissediyordum ancak.

Kahraman POYRAZOĞLU
Haber Spikeri

Âşık olduğum zaman karnımın içinde kelebekler kanat çırpıyor gibi hissederim kendimi, bu beni inanılmaz mutlu ve güler yüzlü yapar. Her an dans etmek isterim. Ancak o kelebeklerin ömrünün kısa olduğunu içgüdüsel olarak bilmemden midir nedir, az biraz tedirginimdir. Az yemek yerim. Enerjimden âşık olduğumu anlayabilirsiniz. Dikkatim dağınıktır, çok az dinlerim. Müthiş cesur olurum. Ancak aşkın geçici bir kimya bozukluğu olduğuna inanıyorum ve gerçek aşkı bu hayat tecrübesi içinde herkesin bulmasını dilerim.

Irmak ÜNAL
Oyuncu

İçimde binlerce kelebek kanat çırpar, binlerce... İnsanın kalbi titrer mi ya? Yemin ederim benim kalbim titriyor bir de...

Esra HARMANDA
TRT 1 "İyi Fikir" Programı

10 yaşına dönüyor insan. Yemek boğazdan geçmiyor. Neden mi? Çünkü kocaman yaşında çocuk gibi hissettiğin, çocuk bedeninde olduğun için ufak bir öğünle gün geçirebiliyorsun. "Ben doydum, dünyayı keşfetmeye hazırım." Acı hissetmiyorsun. Bedenini üstün bir zırh kaplamıyor. Sadece çocuk gibi ağaçtan düşüp, kolunu yaralayıp kanasa da yaran, yoluna devam etme gücü geliyor bedenine. "Kolum mu kanamış, hiç fark etmedim bile." Gözlerin farklı bir renge dönüyor. Hani denizden çıkınca insanın göz rengi açılır ya. Hani ela ise yeşil olur güneşle birlikte. İşte hep denizden yeni çıkmış gibi renk değiştiriyor göz rengi, güneş bu defa içinde çünkü.

Ceren AKDAĞ
Habertürk TV Yapımcı – Sunucu

Öyle bir anda aklım kurcalanır ve sürekli düşünüyor olurum. Merakım artar ve görüşmeyince bir sonraki görüşmeyi bekler dururum. Beden dili olarak sürekli düşünceli bir ifadem olur herhalde. Ve dediğim gibi her karşılaşma öncesi adrenalin dolu olurum, heyecan yükselir.

Ahmet EMİN ŞENSOY
Blogger – Rahat Yazar

Âşık olduğum zaman yaşadıklarımı kelimelere dökmek zor, ama muazzam bir heyecan ve mutluluk duygusu bedenimi adeta kaplıyor.

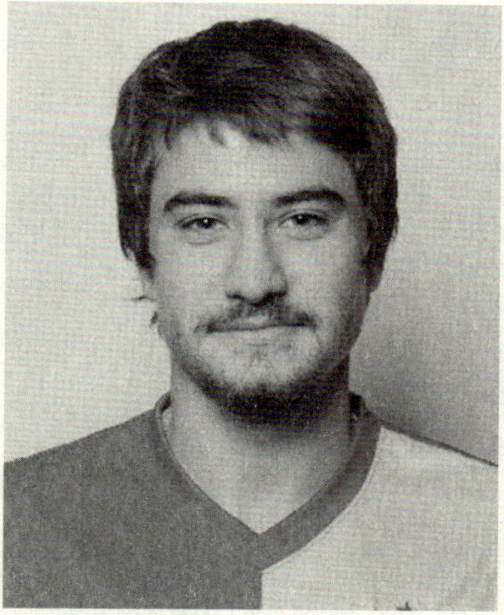

Aydın YILMAZ
GS Futbol Takımı Oyuncusu

Âşık olduğum zaman, genel bir tabir olan, "İçimde kelebekler uçuyor!" deyimini tam anlamıyla yaşıyorum. İçimdeki kıpırtı yüzüme de yansıyor. Daha heyecanlı ve güler yüzlü oluyorum.

Ekin YILMAZ
Aydın Yılmaz'ın Eşi

Ben âşık olunca mutsuzluk ve mutluluk aynı anda uçuşmaya başlıyor etrafımda, vardır ya hani kelebekler uçar karnında, arada yarasalar da uçuyor. Yanındayken özlemenin ne olduğunu anlıyorum ve galiba sevebildiğim için, bu yetiye sahip olduğum için insan olmanın keyfini de yaşıyorum... En olmayacak şeylere tepki verip başka bahaneler başka sebepler söylüyorum, savunma mekanizması tuhaf çalışıyor. Gergin ve defansta oluyorum...

Hakan ÖZTÜRK
Moda Direktörü – Kreatif Direktör

Ellerim ayaklarım uyuşuyor aşk bünyeme girdiğinde. Sonra tüm vücudum terle atıyor olumsuzlukları, çünkü aşk istemiyor bünyede negatiflik. Çok heyecanlanıyorum, her defasında ilkmiş gibi yaşıyorum. Aslında hep aynı meyve ismi aşk, her yediğimde başka bir tatla.

Tolga GÜLEÇ
Oyuncu

Âşık olunca en sevdiğim şey, iştahımın kapanması, zayıflıyorum. Sevilmek ve sevmek daha güzel hissetmemi sağlıyor sanırım. Keşke âşık olunca boyum da uzasa... :))

Pınar ESEN
TV Programcısı

Âşık olduğumda bana dünyaları veren sabrımı yolda düşürüyorum, kaybediyorum. Sanki gözlerimde bir problem oluyor karşımdaki net, diğer tüm insanlar flulaşıyor. Sanki aşk ismi gibi cici bici bir şey değilde hafif hastalık gibi bir şey beden için. Ya Aşkım bana ne soruyorsun? Bu işin ilmini bilen sensin, bizi mi yiyosun bilmiyorum ki...

Önder AÇIKBAŞ
Komedyen Oyuncu

Aşk benim beden dilimin içine ediyor, HEDER dili oluyor...

Ayşe ÖZYILMAZEL
Köşe Yazarı - Sunucu

Aşk her hücremi sarar daha mutlu, daha coşkulu olurum. Benden yeni bir ben çıkar. Her şey daha fazladır, algılarım fazlasıyla açılır. Azalan tek şey iştahım ve uykumdur. Ama enerjim her şeye yeter, kalp atışlarım hızlıdır. Heyecanlı ve daha hızlı olurum, aklım bir müddet gezmeye çıkar, aşk yaşamaktan en haz aldığım duygudur. Ve maraton koşusundaki şampiyon gibi hissederim kendimi.

Mehtap BAYRİ
Tiyatro Sanatçısı – Oyuncu

Sağından, solundan, önünden, arkasından bakıldığında farklılaşan; sabahında, öğlesinde, akşamında değişen,

Kadının gözünde başka, erkeğin gözünde başkalaşan,

Aynı insan için her defasında aynalaşan,

Aranılan ama bulunamayan,

Bulunan ama anlaşılmayan,

Anlaşıldığında unutulan,

Bulunduğunda kaybolan,

Kiminde cennet, kiminde cehennem olan,

Yani nefes alan herkeste olan tek şeydir AŞK.

Sen zihninde zannederken, o bedenindedir. Sen bedeninde resmederken, o zihnindedir. AŞKIMIN BEDEN DİLİ görebilen herkes için izlenir, sonra ne mi olur? Her karesi ARŞİVLENİR.

Kaynaklar

Antropolog Dr. David Givens *Aşk Sinyalleri* (*Love Signals*)
Bilim ve Teknoloji
Henrik Edberg

YÜZ YAPISI V. I. Kulikov ve S.B.
Marifetname
Maksimumbilgi.com

CARPE
AN'I YAŞA, ESİR OLMA
DIEM
AŞKIM KAPIŞMAK
İNKILÂP
AŞKIM KAPIŞMAK
CARPE DIEM

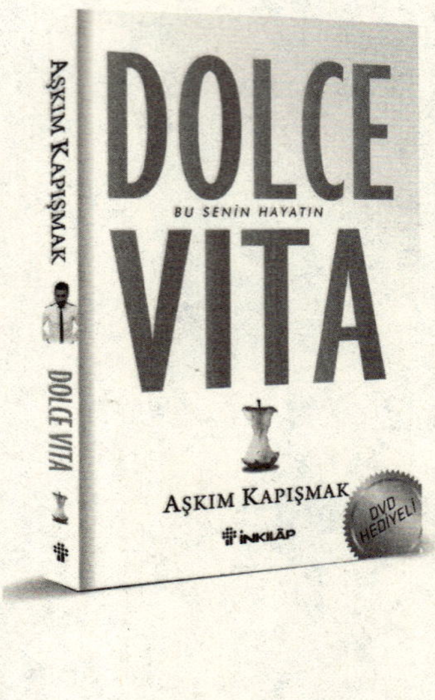
DOLCE
BU SENİN HAYATIN
VITA
AŞKIM KAPIŞMAK
DVD HEDİYELİ
İNKILÂP
AŞKIM KAPIŞMAK
DOLCE VITA